U0032262

給
2-6
歲孩子的生活五育書

# 小小孩的烘焙練習曲

（修訂版）

曾雅盈、羅元助 著

# 快樂學習的印記

蘇偉馨

諾瓦中小學暨幼兒園創辦人、董事長

　　在雅盈出書的過程中，我最期待觀察到的，是孩子學習的過程。因為在雅盈第一本書《預約。幸福溫度》的出版過程中，我看見兩歲孩子驚人的學習印記。事隔三年，這群曾經參與第一本書的小主角，在生活當中，對於食物氣味的分辨能力出乎我意料之外，他們在一個麵糰前，立刻說那是低筋麵粉的味道，這是未經過熟練原則而達到的學習結果，也足以證明一個情緒愉悅的學習，能深刻的印記、也將會是未來人生中，一種幸福的味道，一種永存的記憶。

　　第二本書開始進行時，小孩專注的聆聽、熟練地揉起麵糰，三歲的辰在餅乾麵糰揉圓的時候，還能精準的判斷出麵糰太大或太小，其中細微的差異，是將麵糰放上電子秤，才發覺真的有誤。這樣的精準並非來自不斷的練習，而是在學習中養成的觀察力。每參與新書拍攝過程，小孩的表現，對我來說，每一次都改寫了我腦海中對幼兒發展的認知，每一次都令我震撼。小孩對課程的期待度，也是學習效果的關鍵點。在校園內，常聽見書中小小主角問著：「我們什麼時候還要做烘焙？我下次要做餅乾。」

　　小孩的烘焙課。在過程中，小孩一邊忙著烘焙，一邊聊著，談話內容都是關於烘焙的專業用語，沒有嬉鬧或不耐，所表現出來專注的學習態度，在這個年紀的孩子是令人驚訝的。除此之外，更令我吃驚的是，他們居然能自己培養酵母。萱跟我說：「我培養的酵母失敗了！」我這烘焙的門外漢問說：「酵母是什麼？」萱說：「酵母就是能幫助麵包長大的東西。」我問失敗的原因是什麼？一個小女孩認真的分析著溫度等因素，我一句也搭不上，看著她炯炯有神的眼睛、聽著她對自己培養酵母失敗的專業分析，我知道，這才稱之為「快樂的學習」。

烘焙過程中所有整理清潔的工作，小孩都參與了。當孩子上完烘焙課，我試圖從媽媽的角度去看課程對孩子的影響，珊珊媽說，小孩回家後，最明顯的改變就是凡事都會要求精準，連摺衣服都會努力地對齊。我想，這應該是課程中，在對麵糰秤重、後續整理過程習得的，他們將習得的精準融入了生活事務裡。萱和辰媽媽說：兩姐弟經常毛遂自薦，說自己可以幫忙做事，態度主動而積極。

　　學習經驗是養成學習態度的重要關鍵，小孩期待的烘焙課，啟發了他們一連串的想知道，麵粉的辨別、酵母的差異、烤箱溫度、時間等，小孩不斷地提出疑問，不斷地嘗試，在烤箱打開，香氣四溢的當下，小孩眼神發亮的看著自己的傑作，那一刻的美好，是將學習過程內化的最後關鍵。

　　我與雅盈認識二十年了，我們共創了諾瓦學校，她對於美感的要求甚高，出自她手的食物，都色香味俱全，我稱之為「神廚」。她對於烘焙的執著和專注的熱情，讓我們幾乎每天都能吃到各種風味的麵包，尤其是在這本《小小孩的烘焙練習曲》開始策劃時，雅盈利用所有可能的時間，反覆製作書裡介紹的烘焙作品，若說她為了這本書「廢寢忘食」或許還不足以形容，該說她是對烘焙有一種宗教狂熱的激情。

　　我一直本著教育的「真」來看待此書編寫過程，所有拍攝作業都是側拍，並非我所唾棄安排好的一場戲，這是最令我折服的一點。無論如何，在一切要求完美的烘焙課程裡，孩子的學習效果令人驚豔、參與拍攝的團隊也因此獲益良多、其他閒雜人等就等著麵包出爐的那一刻，沖泡一杯咖啡，享受雅盈在千錘百鍊之後，精湛的烘焙手藝。我相信翻開書本，記憶中的香氣，自然會如真實般存在。

# 眞。善。美。的饗宴

邱淑惠
國立台中教育大學幼兒教育學系教授

　　和孩子一起玩烘焙，是一個完美的親子活動。在量、拌、揉、烤、等待、品嘗的過程中，學習自然發生。而這樣的活動是否能做為火種，點燃孩子的興趣，大人的引導與適時放手是關鍵。雅盈和元助，這本書的兩位作者，結合烘焙與幼兒教育專業，條理分明的設計一場場烘焙練習曲，並提醒讀者在烘焙過程中，引導孩子的技巧與原則。透過本書，讀者在家可以和孩子一起，把烘焙變成一場真、善、美的饗宴，與孩子一起享受烘焙帶來的快樂與成就感。

　　**烘焙的真。**小孩模仿大人是天性。小小孩的想像力豐富，可以透過想像扮演遊戲，把樹葉當盤子，石頭當點心。但在成長過程中，小孩渴望和大人一樣，做大人能做的事。大人和孩子一起烘焙，用的是真材實料，可以有具體的成果。透過這樣的活動，孩子體會行動做為「因」，可以帶來「果」，由因果連結，體會行動的力量，享受做事的成就。而孩子的學習興趣、對自己的肯定，就是來自於這樣一次又一次的小小成就。

　　**烘焙的善。**善，亦指好。大人可以帶著孩子，為烘焙挑選好的材料，陪著孩子認識何謂天然、有機，何謂化學添加。由這個過程讓孩子自然而然地喜歡食物的原味。善，也代表善用工具。烘焙需要用到各式各樣的工具，在練習過程，孩子可以慢慢體悟「工欲善其事，必先利其器」。善，還有善於求變的含義。烘焙裡溫度、濕度、時間、菌種等等，任一環節有所改變，成果隨之而變。透過本書設計的烘焙練習曲，孩子經驗一個麵糰可以做成餅乾、麵包或派，差別就在於小小的改變。這樣的經驗，有助創意的培養。

　　**烘焙的美。**真、善，是美的基礎，但未必一定有美的結果。翻開此書，美是第一印象。美來自於對細節的堅持，常為人所忽略。而作者對烘焙的用具、擺盤、布置等等細節，都很講究。本書的編排，也顯現作者對美的要求與品味。書中的文字、照片、圖片，精心安排，介紹給讀者的，不只是如何

以烘焙拓展孩子的感官體驗，也是美的一種示範。美可以為烘焙加分，讓烘焙的成果更加動人。當烘焙的作品完成後，在美好的氛圍下從容享用，是美學生活。孩子的美感，可以透過這樣的實踐經驗，一點一滴累積。

　　本書提供的是真實、適合親子一起進行的活動。真實與扮演遊戲的差別，在於行為是否能產生具體的結果。即使烘焙的結果不如理想，能記取教訓，學習應變，就是彌足珍貴的能力。書中的配方，讀者可以試著調整，觀察有何改變。這樣的嘗試，就是實驗精神。真正的美，是過程中愉悅的合作。這是本書無法幫讀者完成的。請讀者應用本書時，不急於要求孩子達到特定目標，並學習欣賞孩子勇於嘗試的精神。適時放手，享受烘焙帶來的驚喜吧！

# 食育，給孩子最好的禮物

薛荷玉

清華大學公共事務組執行長

（曾任聯合報教育版召集人、好讀周報總監）

《小小孩的烘焙練習曲》作者曾雅盈與我相識於少年，說來奇妙，我們友誼的開端也和食物有關。雅盈十幾歲時，就能做沙琪瑪這樣複雜的點心，先和麵、擀麵糰，搓成小條入鍋油炸，再拌上麥芽糖熬成的糖漿，我能幫忙的就是把它壓進餅乾鐵盒裡成型，等著冷卻後再切塊。

我和雅盈在她家廚房裡製作甜點的時光，是我倆之後長長數十年友誼最單純的美好，迄今還閃閃發光的一段。

今年生日我也收到了雅盈製作的蛋糕。「妳想吃什麼口味？都可以點哦。」接著，巧克力及南瓜戚風蛋糕就神奇地出現了。

我常覺得，心與胃是相通的。美好食物的記憶，也最難讓人忘懷。一起準備材料的點滴、烤蛋糕的香味、美麗的裝飾擺盤、吃進嘴裡的幸福滋味，哪怕改日只聞到一點相似的氣味，就能喚醒全部的記憶。

因之，父母與孩子建立的最棒回憶，應該也在廚房吧？比起玩積木、拼圖、畫畫，若能把完成的作品吃下肚，不是更棒一百倍嗎？

可惜「食育」似乎是現今教育最缺失的一部分。我們的祖父母及他們的祖父母都教孩子煮食，甚至親自種植所需的食米、蔬果，飼養逢年過節加菜的雞鴨。但這些在我們對下一代的家庭教育中似乎都佚失了。

前年我曾為一套食育報導赴美國採訪，發現許多人正試圖從學校教育出發，恢復教育中所缺失這重要的一塊，包括在校園裡建立可食花園，並聘請專業教師加強烹飪教育，在校內舉辦料理鐵人比賽等。但在缺乏家庭教育的配合下，食育的推廣卻是困難重重。

台灣的孩子在這方面同等缺乏，晚餐的來源常是小吃店及超商，家政課每組要端出一道菜，但許多孩子卻連鍋鏟都沒機會拿到。

朋友給我講了個笑話。小女孩說想吃點魚，媽媽立刻上市場買了鯧魚、秋刀魚、肉魚。小女孩都說：「不是這種魚。」媽媽問：「妳到底想吃什麼魚呀？」小女孩才答：「四方形的，像漢堡裡面夾的那種。」

　　如果孩子從小就吃那些粉味很重的甜不辣、關東煮，想也知道不可能有蝦的炸蝦捲，說不出摻了什麼的漢堡肉、香腸，不含牛奶成分、茶葉不知從何來的奶茶，從小就被重口味綁架，就難再欣賞食物的真正滋味了。

　　美國名廚安・古柏（Ann Cooper）是掀起全美校園飲食革命的風雲人物，我曾有幸數度採訪她。有一回我陪她與台灣的小朋友對談，有孩子提問：「營養的食物通常很難吃，好吃的食物又不健康。您會如何解決小孩挑食的問題？」

　　這位永遠帶著樸實、甚至有點害羞微笑的名廚答道：「其實健康的食物也可以非常美味！只是大家常常誤解了。」

　　食育理應從小、從家庭做起。它涵蓋的面向是很廣的，包括對土地生態環境的關懷，採買食物的知識，品嘗美味食物的好品味，動手烹調的樂趣，用餐的態度與禮儀等。

　　所以食育也是父母能給孩子最好的禮物，如果孩子有機會從小學到這些，你就可以預見她或他長大以後，心情低落時能為自己烤幾片餅乾，在寒冷的冬夜能燉一盅藥膳，也能為心愛之人準備愛心午餐。當然，在他們下廚時，也會回想起曾教給他這道食譜的父母。

　　跟著《小小孩的烘焙練習曲》一起做，或許是營造這美好故事的最佳開端。就算餅乾烤焦了，甜點有苦味，回憶仍然一樣甜滋滋！

[ 推薦序 ]
# 廚房是孩子探索世界的途徑

周慧婷

前知名電視新聞主播、遠見・天下文化教育基金會顧問

初識雅盈時，她還是個大學生，我們一同參加中華民國青年友好訪問團海外演出的舞蹈集訓。舞台上的雅盈亮麗討喜、活力四射，但印象中，下了舞台的她話並不多，在團體中總喜歡把自己隱藏起來，訓練再苦再累，臉上永遠一抹淡定笑容。

離開學校後，大家各奔前程，在各自的人生軌道上努力，我和雅盈的交集不多，只聽說她投身教育，在桃園地區經營一所學校，辦得有聲有色。直到多年後，我主持的廣播節目訪問諾瓦小學創辦人，介紹這所不用課本、沒有上下課鐘聲的特別學校，沒想到前來受訪的，正是雅盈！數年不見，含蓄優雅的笑容依舊，但談起教育，雅盈展現十足浪漫自信的企圖心與堅定獨到的見解，讓我驚豔。

這幾年，我因從事的工作與推動台灣創新教育相關，和雅盈開始有較頻繁的接觸，才發現這女子真像座寶庫，教育專業外，雅盈也擅長烹飪、設計，喜歡深度旅遊，攝影的技術更是一流！這本書，就是她匯集了自己的生活旅行觀察、烘焙專長以及教育心法的結晶。

我始終相信，廚房是小孩學習的最佳場所之一，一道料理從無到有的過程，每個步驟、測量、食材認識，都是一堂堂豐富的生活體驗課。如何分工？如何掌握關鍵細節？美感的融入、等待的樂趣、失敗的體悟、成就的喜悅……，對小小孩來說，都是探索世界最棒的途徑！而在親子共享的時光裡，孩子所能感受到大人傳遞的愛與關注、生活態度，更會是他們永久珍藏的童年記憶！

我女兒從小對烘焙就有高度興趣，對各種甜點製作，總是抱持強烈的實驗精神和愈挫愈勇的堅持力，可惜做為一個廚藝不精的媽媽，我能給予她的實在不多。最近，我陪女兒添購了許多烘焙材料與工具，她的年齡，早已過了由我擺布的階段，我在廚房裡能做的，就是依著她的指示，備料、攪拌、聆聽，當

一個最佳助手。當年那個站上椅子才能搆到廚檯的小娃兒，現在儼然一副主廚架勢，讓為娘的我心中百味雜陳。雅盈書中一道道充滿教育巧思的烘焙食譜、一個個溫馨動人的故事，若早幾年整理出版，一定能讓我這粗心笨拙的媽媽大大受惠。

　　孩子成長只有一次，如果你也認同生活學習的重要，也不想錯過這親子共創的寶貴經驗，這本《小小孩的烘焙練習曲》，絕對是你與孩子營造美好記憶的最佳指南。

# 烘焙，在轉角的麵包房萌芽

喜歡是勇氣的動力，沒有試試就不會知道結果，
十歲的我鼓起勇氣走進麵包店，
向老闆詢問是否可以賣一些原料給我？……

　　廚房一直是我喜歡待的空間，尤其是有烤箱的廚房。

　　小學四年級時家裡買了一台烤箱，那是可以烤一隻全雞的大烤箱，記得還在興頭上的那陣子，每隔幾日就會買隻小土雞，洗淨後抹鹽，串起入烤箱，烤到外皮金黃焦脆，香氣竄出，就可以出爐了。預熱、洗淨、抹鹽、入烤箱，簡單四個步驟就可以換得美味，頓時對烤箱產生了莫名好感，心想，一定要好好研究這好用的透明箱子。

　　我收集從報章雜誌上看到的烤箱食譜，也知道蔬果、肉類、香料、南北貨要到哪裡採購，而一旦食譜出現奶油、酥油、白油這些材料時便難倒了我，在那個超級市場、烘焙材料店還不普及的年代，這還真是個難題。

　　苦思了幾天，靈光一現，小巷轉角的麵包房一定有這些東西。喜歡是勇氣的動力，沒有試試就不會知道結果，十歲的我鼓起勇氣走進麵包店，向老闆詢問是否可以賣一些原料給我？或許那時年紀小，老闆沒有拒絕我，大方邀請我進入忙碌的廚房自行分裝。從此麵包房變成我的原料供應商，廚房裡的小師父是我烘焙點心的家教，總會趁著下回採買材料時進入廚房討教一番。

　　於是這烤箱便開始不定期的出產各式中西式點心。從只要將材料攪拌均勻，整型後就可以壓模烘烤的餅乾開始，中秋應景的蛋黃酥、熱門的葡式蛋塔、帶有微辣口感的咖哩餃、有著美麗外型的菊花酥陸續出爐。這些在麵包房販售的各式小點，我都會藉著添購原料時向我的烘焙小師父討教，記下筆記回家自己練功。

　　家裡廚房放置烤箱的一角，成了我的小小實驗室，真實的家家酒遊戲區，課餘閒暇便窩進去嘗試製作新的產品。長大一些，熟練了可以在手裡把玩的麵

糰之後，便開始挑戰糊狀的蛋糕，每當親朋好友生日時，我都會親手烤一個戚風蛋糕，切出夾層夾入水果餡料，表層再抹上打發鮮奶油裝飾，仔細包裝成美麗的禮物後快遞給壽星，這樣的過程讓我覺得有趣極了，樂此不疲。

現在回想起來，如果沒有十歲時的第一台烤箱，就不會開發我的烘焙興趣；如果轉角麵包房無法提供選購材料的環境，這樣的興趣可能在剛萌芽時就因無米可炊而難以繼續，當然小孩因興趣而產生開口問的勇氣也一起成就了這件事。

當我在構思這本書的架構時，小時候的種種有趣經歷一一浮現，如何引起小小孩的好奇心，進而很想學習做點心？香氣、美味、有趣，過程富有挑戰性又有成就感，缺一不可。本書分成三個部分：

**Part1**〈發現美好的味道〉，希望以香氣引誘小小孩想學的慾望，每個單元練習主題都放入了一些烘焙上的技巧，從成功率最高的延壓餅乾，到製作蛋糕，這一部分複製了很多我小時候的自學過程，之後每一個單元小小孩都會重複應用先前的舊經驗。

**Part2**〈尋找散落的酵母〉，加入酵母的麵糰需要注意更多細節，溫度、濕度與時間的變化關係會影響成品外觀與口感，書中放入了一些和孩子一起的觀察，希望小小孩在知其然之外，也要知所以然，知道了事情的來龍去脈，方便日後相似經驗的推理連結。

**Part3**〈野地烘焙趣〉，提供了幾個親子露營野炊時的烘焙方式，在沒有方便烤箱的環境下，如何才能製作出相似口感的成品，當然這可以在任何情境下複製練習，不一定要在露營的時候，或許是自己家的客廳、陽台、前庭、後院，都是增進親子烘焙樂趣的好點子。

本書聚焦在親子烘焙的過程，希望把飲食教育和美感薰陶也融入有趣的工作中，當親子找到屬於自己的烘焙節奏時，你會發現學習的落點俯拾皆是，甚至可在一些基礎上與孩子深入探索其他配方，盡情發揮自己的創意。

# 關於烘焙，
## 小小孩有太多可以學習的事

我那小小的手握著勺子，學著奶奶，繼續在飄著煙的桶子裡攪拌，
小心翼翼地體驗這簡單卻又不能馬虎的動作。
耳朵旁傳來奶奶的叮嚀和要求，我聽著，學著，從一開始到最後……

　　教室裡的烤箱飄來陣陣烤麵包的香味，一張張期待盼望的臉龐，眼巴巴望著烤箱，嘴裡吱吱喳喳討論著，這樣的景象，帶我回到我的小時候……

　　我是奶奶一手帶大的孩子，總是在奶奶身邊跟前跟後，奶奶的手藝、奶奶傳承的味道，都依稀在我腦海裡。記得小時候，每到過節，家裡總要應景準備些特別的食物，像是端午節的肉粽、農曆年的蘿蔔糕和碗粿。節日裡大人忙得不可開交，但卻是我最喜歡的日子，因為我可以待在奶奶身邊湊熱鬧，看著她張羅，聽她說著這些傳統的故事和堅持。

　　記得做碗粿時，奶奶的手總是來來回回不停的攪拌，桶子上方不斷冒出熱氣，空氣裡瀰漫著濃濃的米香。我等啊盼啊，多希望奶奶可以讓我幫忙，終於在溫度慢慢降低後，奶奶喊了我，我那小小的手握著勺子，學著奶奶，繼續在飄著煙的桶子裡攪拌，小心翼翼地體驗這簡單卻又不能馬虎的動作。耳朵旁傳來奶奶的叮嚀和要求，我聽著，學著，從一開始到最後，奶奶都有自己的堅持，對於每個環節都很要求。我記得她一定要用淡藍色的瓷碗裝，覺得碗粿就是要搭配這樣的碗才好看也才好吃。當時我雖然不懂奶奶的堅持，但在耳濡目染下，我似乎也學著對事物有所堅持，盡其所能呈現最好的成果。

　　很幸運地，這學期和四歲的孩子一起認識烘焙，研究烘焙所有知識，從認識麵粉開始，然後揉麵糰、烘烤麵包等。在過程中，孩子得自己學習使用磅秤，

精準秤量所需要的食材；在控制數量多與少的體驗裡，建構了數字與單位的概念。當孩子在判斷麵糰是否打好時，必須仔細觀察攪拌缸，評估麵糰表面是否足夠光滑、用手觸摸是否不黏手；在麵糰塑型時，孩子用手進行擀、揉、捏、編等各項動作。生活中處處是學習，做中學，學中做，孩子們在實際操作同時，是享受，也是學習。

　　有時候會聽到家長說不知道怎麼跟自己的孩子相處，不曉得怎麼帶孩子。我都建議家長們帶著孩子一起做事，是再好不過的安排。從做事中學著懂事，學會道理，學會生活。這本書是很好用的工具書，它能讓爸爸媽媽知道怎麼帶著孩子一起玩烘焙，也能了解一些要注意的小訣竅，讓爸爸媽媽更能得心應手開心地與孩子互動。

書中 26 道點心的示範影片連結在「諾瓦。漂亮廚房」粉絲專頁影片區 https://www.facebook.com/renoir.kitchen/videos/?ref=page_internal，讀者在操作過程中可隨時點閱。

# Part 1 ▸ 發現 美好的味道

**【餅乾 & 麵糊】**

### Set 1　一個香氣的起點 ……… 20

延壓餅乾｜**3 歲** 。

綜合小西餅 31。椰香餅乾 32

*Column* ▸ 從採買開始的烘焙課／認識食譜裡的材料 33

### Set 2　化在口裡的酥鬆圓球 ……… 38

用手塑型｜**3 歲** 。

希臘雪球 51。黑糖榛果球 52。乳酪胡椒球 53

*Column* ▸ 分辨大小，有均分概念／增進手部肌肉發展 54

### Set 3　一抹成脆片 ……… 56

用湯匙塑型｜**4 歲** 。

杏仁瓦片 67。檸檬椰子薄片 68

*Column* ▸ 增進手眼協調能力／培養有始有終的工作態度 69

# Part 2 ▶ 尋找 散落的酵母

【發酵 & 酵母在哪裡】

# Part 3 ▶ **野地** 烘焙趣

【野餐 & 露營】

┌── **電子食譜** ──────────────────┐

　掃描左側 QR Code，下載電子食譜集結，
便於製作過程即時參閱。

└──────────────────────────────┘

# 發　　現
## 美 好 的 味 道

從最簡單的延壓麵糰開始循序漸進，從零失敗的經驗中創造美好味道的印記，讓小小孩充滿成就感後，每一新單元加入一項新的學習目標，在麵糰由硬→軟→糊狀的過程中，在舊經驗的基礎上學會新的製備技巧，再悄悄地加入教養元素。

# 一個香氣的起點

烤箱裡傳出濃郁的奶油香。前夜趁空揉了一糰餅乾麵糰，放在冰箱裡冰鎮一晚，午后回溫之後隨意地壓模成型，刷上蛋液入烤箱。我帶著心機希望孩子們可以聞香而入。

喜餅盒裡的各式小西點中，最得我青睞的就是奶香味十足的厚實小西餅了，樸實不花稍，沒有多餘的裝飾，天然純粹的奶油、蛋、糖與麵粉混合攪拌成糰，烘烤後梅納反應成就了引人食慾的各式小點。在這個基礎上，若加入自己喜愛的穀物片、堅果、果乾，就可發揮創造不同風味餅乾，是一個大缽就能駕馭的入門甜點。

凡事喜歡自己動手的三歲孩子，對學習充滿了熱情，我想把烘焙的種子放在預設情境裡，引起小小孩的好奇心之後再一網打盡，希望達到事半功倍的效果。

「哇！為什麼這裡這麼香啊？是烤餅乾的味道呢！」

在香氣散發的 10 公尺內，一群小小孩正好經過，對於這不常出現的味道，不禁感到有些好奇。

「這聞起來好舒服，好想吃呢。」

小孩尋味接近，開始發表心得。

「是漂亮媽咪在烤餅乾吧！我好想學，可以教我嗎？我想烤給媽媽吃。」

三歲小女孩被香氣引誘，挑起了學習動機。

「可以學嗎？我也想要玩，之前媽媽在家有教過我，我覺得做餅乾好好玩。」

有過做餅乾經驗的小小孩正在傳承自己的快樂經驗。

**愉悅的電波快速地傳送著，**
**霎時，我像明星似的被一群小小孩包圍**

香氣加上愉快的學習分享，小小孩爭先報名要上我的烘焙課，看來我的小小心機已造成學習的蝴蝶效應，這課未開就已湧上迷你粉絲，除了表達想學做好吃的餅乾，也順道替家中其他成員預約了課程。

　　我引誘來的小小學員正要開始他們的甜點初體驗，桌上放著秤量好的材料，我請孩子聞聞看是什麼味道。

　　「香香的好好聞，很好吃的味道。」

　　對於食物有高度興趣的三歲小男孩開心的說。

　　「我喜歡這個味道，很香。」

　　小女孩也笑著說道。

　　在製作點心的過程，我會停下來請孩子觀察每一種材料的原始樣貌，練習分享看法與感受，奶油攪拌前的狀態就會進入孩子腦中的烘焙資料庫裡。

　　「為什麼要把奶油和糖攪在一起呢？」

　　小女生對於正在攪拌的奶油糖霜提出疑問。

　　「攪拌奶油糖霜的時候會順便把空氣拌進去，奶油變成膨膨的，這樣烤出來餅乾才會酥酥的。」

　　我試著讓三歲孩子理解要打發奶油的理由。在操作過程滲透相關的知識與原理，有些孩子可能當下不能明白，但都會存在記憶裡，在每一個打發拌合奶油糖霜的機會可以再重複進行類似的問答。

　　「我可以把蛋加進來了嗎？」

　　三歲小女孩看到桌上未加入的材料，很想把它們一次都加進去。

「蛋要慢慢地放入，一次加一點點，等到看不到蛋汁時再加一點進來。」

我語氣平和地說著細節。這個餅乾麵糰配方的細節，就在蛋汁加入奶油糖霜的過程。叮嚀孩子將蛋汁分次加入，三歲小女孩認真執行，小心翼翼地完成交辦事項，順利讓蛋汁全部乳化，就完成大部分的工作了。

接著粉料過篩、拌合，小孩操作時難免有些材料會跑出來，沒關係，就讓孩子嘗嘗滋味，再詢問他們的感受，這種立即性的回饋絕對是正增強。

在工作中我喜歡讓孩子有愉悅輕鬆駕馭的氛圍，新手烘焙只要重點提醒，在小地方建立小小孩成就感是持續烘焙興趣的重要環節。

「我們把攪拌好的麵糰裝到塑膠袋裡，要放入冰箱冷藏室冰一小時，誰要來幫忙？」

「幫忙」二字是小小孩的開關，孩子們很快就聚集過來。


## 為了讓之後的壓模順暢進行，
## 冷藏前要先將麵糰整理成理想的厚度

「把裝進袋裡的麵糰放在烤盤，先用手將它拍平，再用擀麵棍幫忙壓平。」

我想每個孩子都來試試看麵糰的整型。

要讓擀麵棍在麵糰上滾動需要一點指導，如果左右手掌壓緊擀麵棍往前推，就會把麵糰也推往前端，達不到平整的目的；而是要從指尖把擀麵棍滾到手掌尾端，分次推前進行。

「像這樣，棍子從指尖要滾到這裡，再試一次。」

我拿起小女孩的手，指著手心尾端，再蓋住她的手帶領操作一次。

「對，就是這樣，妳看麵糰越來越平了，再擀幾次就好了。」

我肯定的鼓勵，完成動作的三歲小女孩開心極了。

## 開心是持續的動力，帶著小小孩做點心
## 創造一個愉悅的開始

沒有烘焙時間壓力的延壓餅乾是一個好的起點。

混拌完成，做好餅乾麵糰後，在任何時間點都可以暫停，交給冰箱保管，相信只要多試幾次，大家都能找到與家中小小孩的烘焙節奏。

### ▶觀察材料原始樣貌

讓孩子觀察材料在操作前的狀態，聞聞看是什麼味道，說說看曾有的經驗，都是操作過程中可以加入的話題。

[ 聞聞看 ]

[ 摸摸看 ]

[ 說說看 ]

## ▶過篩，練習手腕及手指握力

過篩的工具有很多種，杯式麵粉篩可以讓孩子練習手腕及手指的握力，把低筋麵粉篩入雞蛋奶油糖霜時，要提醒小孩盡量不要灑出容器外。如果小小孩手指的握力不足以完成，大人可協助更換另一種手動網篩。

Tip

低筋麵粉含蛋白質較少（8.7%），顆粒較為細緻，用手揉捏容易結塊，不易散開。使用低筋麵粉做的糕餅大多是以拌合方式混合成糰，沒有過多的揉合動作，如果未過篩去除結塊現象，會增加成品中出現粉塊的機會。

[ 杯式麵粉篩 ]　　　[ 手動網篩 ]

### ▶延壓的手擀指導

運用擀麵棍壓平麵糰需要一些技巧,如果左右手掌緊壓著擀麵棍往前推,無法在上面滾動,會把麵糰也推往前,達不到平整的目的;要從指尖把擀麵棍滾到手掌尾端,分次推前進行。

Tip

麵糰冷藏前先整理成理想的厚度,之後壓模會進行得更順暢。所以,我將裝進塑膠袋的麵糰放在烤盤裡,幾雙小手很開心的用手拍平,再用擀麵棍幫忙壓平,最後三歲小女孩很仔細確認每一個角都有平均分配到。

「像這樣,棍子從指尖要滾到這裡,再試一次。」我拿起小女孩的手,指著手心尾端,再蓋住她的手帶領操作一次。

### ▶小手壓模、用印

取出冰鎮的餅乾麵糰,先
讓孩子感受一下麵糰的溫
度,再用餅乾壓模壓出適
當大小和造型。小小孩單
手下壓的力量若不夠穿透
麵糰厚度,可以示範雙手
壓模,最後在餅乾上用印,
讓壓模的工作更有趣。

椰香餅乾（可口奶滋）

綜合小西餅

# 綜合小西餅

Assorted Biscuits

分量：16 個

| | 材料（※ 可省略） | 重量（克） | 烘焙百分比（%） |
|---|---|---|---|
| 蛋黃霜<br>[ 作法 1-3 ] | 無鹽奶油 | 140 | 70 |
| | 細砂糖 | 80 | 40 |
| | 奶粉 | 30 | 15 |
| | 香草水 ※ | 2 | 1 |
| | 蛋 | 40 | 20 |
| 粉料<br>[ 作法 4 ] | 低筋麵粉 | 200 | 100 |
| | 泡打粉<br>*Baking Powder | 2 | 1 |

[ 作法 ]

1. 無鹽奶油回溫切小塊，加入細砂糖、奶粉、香草水，用打蛋器攪拌混合均勻。
2. 混勻後打至乳霜狀態，拿起打蛋器呈現角狀。
3. 蛋分 2 次加入打發的奶油糖霜，用打蛋器拌勻融合。
4. 所有粉料過篩，分 2 次用刮刀以按壓方式拌入 3.，至均勻。
5. 混合好的麵糰放入塑膠袋鋪平，入冰箱冷藏至少 30 分鐘。
   **【烤箱預熱：170℃】**
6. 取出麵糰，用擀麵棍延壓至厚約 2 公分，用壓模壓出餅乾麵皮（也可用刀切成邊長 3 公分的方形厚片），間隔整齊排入烤盤，表面刷上蛋液。
7. 放入預熱烤箱內烘烤約 20 分鐘，至表面微金黃。待涼後裝罐。

**[ Point ]**

❖ 烘焙百分比，是指固定麵粉為 100%，配方內其他材料相對於麵粉的比例，所以一個配方裡的百分比合計常會超過 100%。配方表標註烘焙百分比，可便於製作時調整分量。

❖ 奶油回溫軟化至手指下壓可看見明顯指痕。若軟到開始融化，容易油脂分離。

❖ 從冰箱取出冰鎮奶油麵糰，壓模前先在正反兩面撒上低筋麵粉，防止麵糰沾黏到模型，無法順利脫模。如果室溫高於 28℃，壓模速度要快，若感覺麵糰開始變軟，難以操作，建議放回冰箱再冰 30 分鐘降溫。

❖ 一般家用烤箱預熱時間，160~170℃約 10 分鐘，200℃約 15 分鐘，200℃以上約 18 分鐘。

# 椰香餅乾（可口奶滋）

Coconut Biscuits

分量：16 個

| | 材料 | 重量（克） | 烘焙百分比（%） |
|---|---|---|---|
| **奶油糖霜**<br>[ 作法 1-2 ] | 無鹽奶油 | 90 | 70 |
| | 細砂糖 | 90 | 40 |
| | 鹽 | 2 | 1 |
| | 牛奶 | 75 | 15 |
| | 椰子粉 | 45 | 20 |
| **粉料**<br>[ 作法 3 ] | 低筋麵粉 | 225 | 100 |
| | 泡打粉 | 5 | 2 |
| **糖霜** | 細砂糖 | 45 | 20 |
| | 水 | 22 | 9 |
| | 檸檬汁<br>※ 以上三項煮至糖化 | 5 | 2 |
| 其他 | 烤香椰子絲 | 適量 | |

[ 作法 ]

1. 無鹽奶油回溫切小塊，加入細砂糖、鹽、牛奶、椰子粉，用打蛋器攪拌混合均勻。
2. 混勻後打至乳霜狀態，拿起打蛋器呈現角狀。
3. 所有粉料過篩，分 2 次用刮刀以按壓方式拌入 **2.**，至均勻。
4. 混合好的麵糰放入塑膠袋鋪平，入冰箱冷藏至少 30 分鐘。
   **【烤箱預熱：170℃】**
5. 取出麵糰，用擀麵棍延壓至厚約 1.5 公分，用壓模壓出餅乾麵皮後戳洞（也可用刀切成邊長 3 公分的方形厚片），間隔整齊排入烤盤。
6. 放入預熱烤箱內烘烤約 10~12 分鐘，至表面微金黃。
7. 將烤好的餅乾刷上糖霜，撒上烤香椰子絲回烤 2~3 分鐘。

[ **Point** ]

✥ 煮檸檬糖水（糖霜）時不需刻意煮到沸騰，只要糖溶解完全、水微滾，即可關火。若沸騰過久，煮到黏稠，冷卻後會結成糖塊，無法使用。

✥ 各廠牌椰子粉吸水率不同，第一次做椰香餅乾先按建議配方，若感到麵糰稍乾或軟時，可增減調整配方中的牛奶量。

把 小小孩的烘焙課鋪陳在日常之中，可以從一個好吃點心啟發，也可以是從繪本故事開始。小小孩能夠專注的時間不長，先讓孩子對烘焙產生興趣與成就感，之後再逐次添加一些學習元素。

▶ 在不同單元進行前或烘焙的空檔，帶領孩子們閱讀烘焙主題的可愛繪本。除了大人之外，也可以請大一點的孩子說給弟妹們聽，本書會做到的點心類型推薦親子可以閱讀以下書單：

| 書名 | 作者 | 出版社 |
| --- | --- | --- |
| 餅乾城 | 青山邦彥 | 小熊出版社 |
| 傑琪的麵包店 | 相原博之 | 愛米粒出版 |
| 請來我家吃蛋糕 | 曹益欣 | 聯經 |
| 小鬼蛋糕店 | SAKAE | 日月文化 |
| 環遊世界做蘋果派 | 瑪尤莉 · 普萊斯曼 | 維京國際 |
| 烏鴉麵包店 | 加古里子 | 巨河文化 |
| 一顆蘋果做麵包 | Akiko Yokomori | 橘子文化 |
| 山羊蛋糕店 | 木村裕一 | 上誼 |
| 麵包的藝術 | 柴可瑞 · 葛爾培 | 常常生活文創 |
| 東京名師馬芬 vs 杯子蛋糕 | 若山曜子 | 菊文化 |
| 東京名師司康 vs 比司吉 | 若山曜子 | 菊文化 |
| 我的拿手好甜點 | 福田淳子 | 遠見天下 |
| 如果你給老鼠吃餅乾 | 蘿拉 · 喬菲 · 努墨歐夫 | 遠見天下 |
| 我的拿手好麵包 | 梶晶子 | 遠見天下 |
| 烏鴉點心店 | 加古里子 | 遠見天下 |

**從採買開始的烘焙課**

▶ 讓孩子先把需要採買的工具和材料畫下來或
記下來，年齡段不同，表現方式也不一樣。

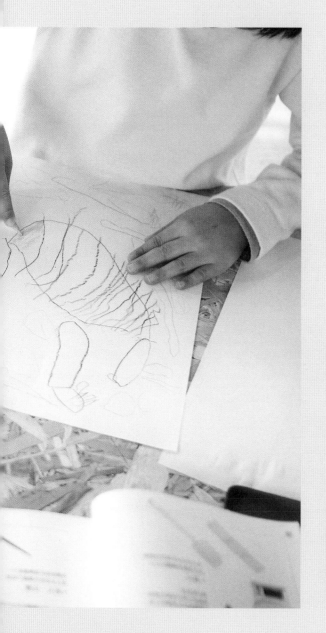

▶ 四歲的小孩可以在大人引導下完成自己的採買清單。三歲的孩子若無法自己畫出來，大人可用圖說的方式，親子一起把要採買的項目剪貼在紙上，同樣能達成目的。

▶ 在烘焙材料店選購時，讓孩子拿著清單去尋找工具材料，是一個有趣的尋寶經驗。

## 認識食譜裡的材料

▶ 親子第一次嘗試烘焙點心，建議聚焦在認識配方裡
的材料。食譜書裡的材料在調理前是什麼狀態，經
過混合後會變化成什麼不同滋味，可以多花一些時
間讓小小孩去感受。

# 化在口裡的酥鬆圓球

用手塑型 — 3歲 —
希臘雪球。黑糖榛果球。乳酪胡椒球

對這雪球點心算得上是一見傾心了！

記得，是一個陽光灑灑的午后，在希臘友人的美麗餐桌上，初識這個美妙的小甜點，裹滿了糖粉的小白圓球，和認識的餅乾有著很不同的外貌；拿起一顆白球品嘗，濃濃的堅果香直竄，餅乾體像雪一樣在唇齒之間化開，好一個味蕾的滿足，齒頰留香。

之後，旅行希臘期間，在當地人家餐桌上常會發現一玻璃盅的雪球點心，各家配方都不同，有時不巧去了嗜食甜味的人家裡做客，吃上一顆甜度像方糖的雪球，都覺得可惜了這人間美味，頓時心裡湧上無限惆悵。但這偶爾的誤觸地雷，並不足以讓我失去尋寶的興致，總堅信不久的未來，一定會讓我遇上一個正統又美味的完美配方。

第二次造訪希臘住在一個小漁港的山腰上，每天下午，民宿女主人總會供應當日的心情小點，我常坐在細心布置的露台細細品嘗女主人的手藝，享受希臘緩慢的生活步調，就著海風望向遠方，等待夕陽西下，也祈禱著雪球的出現。

**或許是希臘天神聽到旅人真誠的祈求，
幾日後，果真出現了
朝思暮想的神級風味雪球**

　　「怎麼會有這麼好吃的配方！是什麼比例？怎麼做的？可以教我嗎？」我厚著臉皮忐忑地詢問美麗的民宿女主人。

　　「這是 Kourabiethes 希臘雪球，希臘人的傳統婚禮餅乾，我們村裡每家都有自己的配方呢！都是祖傳下來，婆婆特別傳授給我的。」拗不過我的苦苦相求，美麗女主人一邊說一邊拿紙筆寫下獨家祕方送給了我。海風吹得女主人的裙髮飛揚，我努力捏緊得來不易的小紙片，小心翼翼地不讓它隨風而逝。

　　回國後，我試作了幾次，也調整了配方，正統的希臘甜點糖分含量較高，一個小球要分好幾次配咖啡或熱茶品嘗，實在不能盡興享受。不同的飲食習慣，影響我們對甜味的接收程度，再道地的異國傳統點

心，也要因地制宜做一些調整，讓大家更容易接受。

## 喜歡才會動手做，設計一個美味有趣的配方，
## 每一次加入一點新的挑戰元素

和孩子們一起做這道點心時，利用同樣的圓球主題，可以變化不同的口味。

球形餅乾需要更多的手眼協調能力，是小小孩的餅乾進階課，在分配與揉圓麵糰過程中有兩個學習重點：一、將核桃果粒敲成粗細一致的顆粒；二、分配餅乾的大小。

配方裡的核桃果粒需要在混合之前敲碎，核桃顆粒大小會影響雪球的口感，顆粒大一點的，成品咬起來較脆，細碎的顆粒化在口裡較綿密，小小孩在操作過程中會練習到眼睛與手的協調。

製作前可準備一個適中的夾鏈袋，把核桃都放進去，壓出空氣，確實合緊袋口，在密閉的袋內敲打，就不用擔心核桃四處逃散，可以讓小孩安心地對付核桃，確實完成粗細一致的交代。

「我要把它們敲成一樣大，漂漂媽咪說核桃關在袋子裡面就不會跑了。」

排除了堅果在敲擊過程中會亂竄的疑慮後，三歲小女孩正用擀麵棍認真對準關在夾鏈袋裡的核桃粒，專注的神情像是米其林主廚在裝飾即將上桌的甜點，可愛極了！

把製備工作拆解，分配給小小孩負責，並將製作的時間拉長或者分段，盡可能讓孩子深度參與，深入操作，就會發現每個孩子專注的點各不相同。

「像這樣，把小方塊的餅乾麵糰搓成一樣大小的圓球。」

我拿起一小塊麵糰放在掌心示範。小小孩睜大眼睛看，也取了分切成小方塊的麵糰認真搓著。要變成一樣大的球，成了小小孩心中的指標。

搓圓動作必須運用到兩手雙側的協調能力，如果雙手無法做出反向畫圓的動作，可先讓孩子把麵糰放在揉麵布上，練習單手搓圓，一樣可以完成。再把圓球放在手掌心感受均分的麵糰大小。

「這個有點大。」

三歲小男孩嚴肅的說，順手捏下麵糰一角，再放回手心。

「這個又太小了。」

小男孩又替麵糰補了一小塊。對大小很堅持的小孩會想辦法調整麵糰分量，和其他孩子有著明顯的有趣差別。

「等一下圓球麵糰都排進烤盤後，我們可以再檢查看看每個有沒有一樣大。」

我提供另一個事後檢核方法給小男孩，希望可以讓他放心一點。

「為什麼我的圓不是球，它好像比較扁吧。」

小女孩望著手中的圓扁麵糰，有點洩氣的說。

「來試試看，手往下的力量輕一點，像輕輕摸著臉的感覺。」

我把小女孩拉進懷裡，用手輕輕地摸著她的臉頰。

「這樣輕輕揉著麵糰，就會變成圓球了嗎？我再試試看。」

小女孩開心地學會手掌搓圓的力道後，回頭再把前面不完美的部分也重新修正一次。


**小小孩很會聽指令，**
**每個孩子對於理解的意義表現不盡相同**

三歲小男孩對於圓球的大小一致，非常認真的執行，這個堅持讓手心上的麵糰奶油快要溢出油脂來了。對孩子的實事求是，我習慣讓他們自然發展。餅乾的製作，只要配方比例正確，重點操作到位，不管怎樣，烤熟了都是一樣美味！

　　給孩子適度的空間去探索心中的疑惑，大人不要急著介入教導，在孩子自己解決疑問的當下，就是孩子內化新知的時候。放慢腳步欣賞工作中的孩子，你會發現生活中最美麗的風景，就是孩子現在與你所擁有的烘焙小時光。

### ▸發現問題先讓孩子自己解決

手持打蛋器打發奶油時，會因量太少而都卡在鋼網裡，小孩嘗試用快速攪打和敲打盆邊的方式讓奶油掉下來。

 Tip　遇有問題產生，先讓孩子有時間解決，大人慢一步出手，這樣想出來的方法，孩子一定不會忘記。

▶ **操作與觀察，分工合作**

在過程中觀察食材混合後的變化，三歲的小小孩也可以合作輪流完成操作，沒有工作的一方就當觀察員，協助提醒同伴操作細節。

### ▶核桃的前處理

　　三歲小女生嘗試用手指掰開核桃堅果粒，發現並不是那麼容易，大人提供了好方法，把核桃裝進夾鏈袋裡，這樣核桃在敲打過程中不會四散，也方便觀察粗細變化狀況。

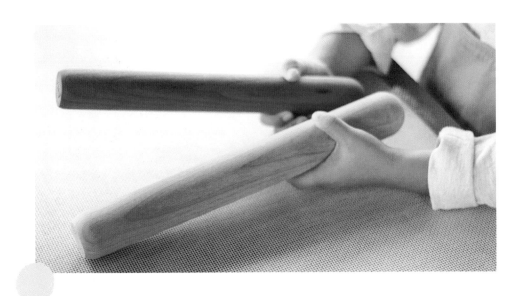

▶ **選擇敲打工具,各有所好**

小女生喜歡深色的胡桃木擀麵棍;小男生喜歡較粗壯的櫻桃木擀麵棍。原以為孩子會採用大人的建議,挑選適合自己手指環握的擀麵棍,沒想到小孩很有主見,就挑自己喜歡的敲。其實只要能達成目的,開放發揮也很 OK。

### ▶孩子都喜歡幫忙

　　工作中，四歲的姐姐加入我們，靈機一動請姐姐示範指導，利用孩子喜歡幫忙的特質，三歲和四歲小女生合力完成敲碎核桃的工作。

[敲細]　　　　　　　　　　[擀碎]

## ▸適時介入調整個別差異

同齡的孩子存在著個別差異，動作較
伶俐的孩子會想要一直幫忙，工作中
若發現動作落單的孩子，大人應適時
介入調整，讓比較熟練的孩子指導需
要多練習的孩子。

乳酪胡椒球

黑糖榛果球

希臘雪球

# 希臘雪球

Kourabiethes

分量：10 顆

| | 材料 | 重量（克） | 烘焙百分比（%） |
|---|---|---|---|
| 蛋黃霜<br>［作法 1-3］ | 無鹽奶油 | 70 | 70 |
| | 糖粉 | 25 | 25 |
| | 蛋黃 | 20 | 20 |
| 粉料<br>［作法 4］ | 低筋麵粉 | 100 | 100 |
| | 起士粉 | 20 | 20 |
| | 杏仁粉 | 15 | 15 |
| 其他 | 核桃（或任何堅果）<br>* 放入夾鏈袋內密封後敲碎 | 30 | 30 |
| | 糖粉 | 適量 | |

［作法］

1. 無鹽奶油回溫切小塊，加入糖粉，用打蛋器攪拌混合均勻。
2. 混勻後打至乳霜狀態，拿起打蛋器呈現角狀。
3. 蛋黃分 2 次加入打發的奶油糖霜，用打蛋器拌勻融合。
4. 所有粉料過篩，分 2 次用刮刀以按壓方式拌入 **3.**，至均勻。
5. 再將核桃碎粒用切拌方式混合。
6. 混合好的麵糰放入塑膠袋鋪平，入冰箱冷藏至少 30 分鐘。
   **【烤箱預熱：160℃】**
7. 取出麵糰，切成邊長約 2 公分的小方塊，用手搓成圓球，間隔整齊排入烤盤。
8. 放入預熱烤箱內烘烤約 20 分鐘，至表面微金黃。
9. 烤好趁熱滾上糖粉，待涼後裝罐。

［Point］

❖ 中型雞蛋一顆重約 50 克，其中蛋黃約 20 克，蛋白約 30 克。分出的蛋白可放進乾淨且乾燥的附蓋容器冷藏保存一星期，下次做蛋白用量大的點心（如杏仁瓦片、戚風蛋糕、天使蛋糕等）就能用上。或者分好適當的量放入乾淨的塑膠袋，紮緊袋口，冷凍保存 3~4 個月，使用前一天放入冷藏室解凍即可。

# 黑糖榛果球

Brown Sugar Hazelnut Crisp Ball

分量：10 顆

| | 材料 | 重量（克） | 烘焙百分比（%） |
|---|---|---|---|
| 黑糖奶油霜<br>[ 作法 1-2 ] | 無鹽奶油 | 70 | 70 |
| | 黑糖 | 30 | 30 |
| 粉料<br>[ 作法 3 ] | 低筋麵粉 | 100 | 100 |
| | 奶粉 | 10 | 10 |
| | 榛果粉 | 15 | 15 |
| 其他 | 黑糖粉 | 適量 | |

[ 作法 ]
1. 無鹽奶油回溫切小塊，加入黑糖，用打蛋器攪拌混合均勻。
2. 混勻後打至呈乳霜狀即可。
3. 所有粉料過篩，分 2 次用刮刀以按壓方式拌入 2.，至均勻。
4. 混合好的麵糰放入塑膠袋鋪平，入冰箱冷藏至少 30 分鐘。
   【烤箱預熱：160℃】
5. 取出麵糰，切成邊長約 2 公分的小方塊，用手搓成圓球，間隔整齊排入烤盤。
6. 放入預熱烤箱內烘烤約 20 分鐘，至表面微金黃。
7. 烤好趁熱滾上黑糖，待涼後裝罐。

[ Point ]
+ 黑糖品牌不同，會有不同程度的粗細結塊顆粒，想要口感細緻可將黑糖過篩後使用。
+ 此配方未加入液體材料，在搓圓的過程中，手掌要稍微按壓，幫助材料充分緊實。
+ 配方中的榛果粉可隨意變換任一堅果粉末，和小小孩一起在烘焙材料行尋寶，創造新的酥球口味。

# 乳酪胡椒球
Cheese Pepper Chop Ball

分量：10 顆

| | 材料 | 重量（克） | 烘焙百分比（%） |
|---|---|---|---|
| **蛋黃霜**<br>[ 作法 1-3 ] | 無鹽奶油 | 70 | 60 |
| | 糖粉 | 30 | 30 |
| | 蛋黃 | 10 | 20 |
| **麵糰料**<br>[ 作法 4-5 ] | 低筋麵粉 | 100 | 100 |
| | 黑胡椒粒 | 1 | 1 |
| | 乳酪丁 | 2 | 20 |
| **其他** | 黑胡椒海鹽 | 適量 | |
| | 乳酪丁 | 適量 | |

[ 作法 ]

1. 無鹽奶油回溫切小塊，加入糖粉，用打蛋器攪拌混合均勻。
2. 混勻後打至乳霜狀態，拿起打蛋器呈現角狀。
3. 蛋黃分 2 次加入打發的奶油糖霜，用打蛋器拌勻融合。
4. 低筋麵粉過篩，加入黑胡椒粒，分 2 次用刮刀以按壓方式拌入 **3.**，至均勻。
5. 再將乳酪丁用切拌方式混合。
6. 混合好的麵糰放入塑膠袋鋪平，入冰箱冷藏至少 30 分鐘。

   **【烤箱預熱：160℃】**

7. 取出麵糰，切成邊長約 2 公分的小方塊，用手搓成圓球，間隔整齊排入烤盤，每顆圓球壓入 1 粒乳酪丁，撒上微量黑胡椒海鹽。
8. 放入預熱烤箱內烘烤約 20 分鐘，至表面微金黃。
9. 待涼後裝罐。

[ **Point** ]

❖ 乳酪球的微鹹味，來自入爐前撒上的微量黑胡椒海鹽，小孩操作前可先在旁練習使用兩指搓撒鹽粒的動作，體會一下微量的定義。

❖ 乳酪丁不宜在室溫中放置過久，使用前盡量保持冷藏狀態。

在　製作點心時，同時給予視覺和觸覺的刺激，訓練手眼協調，以及對物件的控制。孩子的手部肌肉發展是有差異性的，同樣的握棍敲打動作，有些孩子 3 歲就可以精準地快速達成，有些孩子需要多一點的練習與示範，父母親不要過度與他人比較，讓孩子們都能在愉悅的氣氛下自信學習。

## 分辨大小，有均分概念

▶ 有些孩子可以感受手中物體大小，放在手心的麵糰前後不一致，會立刻察覺、想要改進，知道均分的意義。

▶ 也可在排入烤盤時，帶領孩子觀察每顆圓球的分量是否一致，知道大小一致在烤箱裡的意義。

## 增進手部肌肉發展

▶ 敲堅果粒須使用手部抓握力量，適合的擀麵棍直徑以不超過孩子拇指與中指圈起範圍為佳。敲下的動作會牽動到手腕與上手臂肌肉，是很好的肌力練習。

▶ 搓圓的動作須運用兩手雙側協調能力，若雙手無法反向畫圓（上下揉搓會搓成長條），可讓孩子把麵糰放在揉麵布上，先練習單手搓圓，兩隻手分別練習不同方向，待熟練後再組合就會成功。

▶ 可以控制手掌的力道，把麵糰搓成圓球狀。

Set 3

# 一抹成脆片

用湯匙塑型—4歲—
杏仁瓦片。檸檬椰子薄片

對於脆片餅乾，我想是那咔嗞咔嗞的口感吸引了我！

## 口感，是獨立於味覺外的一種情緒體驗

決定食物是否美味是一種主觀的感知過程，除了風味外，還有口感。口感是個很奇妙的分類，它不只存在於某一種類食材，而是食物經過相似的烹調或相似的組成模式，在口齒間產生的相同感受；是一種食物在口中發生物理及化學變化過程而產生的感覺，這樣的感受會在大腦裡植入一種愉悅的印記，形成一個情緒的模組。

吃東西時，我們總能很快判斷哪種東西合自己的口味，這背後的原因與關聯或許跟我們的記憶和想像有關。對我來說，就像吃冰淇淋一定要搭配脆皮甜筒，不能放入紙杯，大大的甜筒裡只放一小球冰淇淋，我常在舔完冰淇淋後，才開始慢慢地、小口小口享受甜筒咬在嘴裡的彈跳，這階段是我吃冰淇淋的主要樂趣。

## 同樣的幸福感受<br>也發生在中國餐館結帳時領的幸運餅乾

大部分的人會因得到一句美好的話語而雀躍，

我則是為吃到一個夠脆的幸運餅乾而開心。於是愛屋及烏，擴及到所有清脆口感的食物，像是炸得酥脆的地瓜簽、咬起來一樣咔嚓咔嚓的杏仁角辣小魚干、烘烤到夠脆的堅果、清甜的脆芭樂、剛採收的脆蘋果等，都是讓我可以感受到愉悅氛圍的美妙食物。

「咬一口看看，是什麼感覺？」

我拿了一片杏仁瓦片讓四歲小孩嘗嘗。

「吃起來脆脆的，是很好吃的感覺。」

四歲的孩子形容美味的字彙還不太多，「好吃」是接受與喜歡的同義詞。

「這一種呢？上午弟弟妹妹做的雪球，吃起來什麼感覺？」

我拿起另一種餅乾想讓孩子們比較一下。

「這也很好吃，但不一樣的感覺，它在嘴巴裡會散開來，剛剛的要咬一咬。」

四歲男孩很有概念的認真分析，試著說出其中的不同。

「我想要一口吃雪球、一口吃杏仁片試試看。」

四歲女孩很有實驗精神，提出了有意思的點子，眼睛溜溜地轉，咬了兩種餅乾的嘴巴鼓鼓的。我們在一旁等著聽結果。

「就是咬起來脆脆的，然後又有些會散開，很好吃呢！」

小孩的回答顯然是很滿意自己的發現。

## 分享自己的感受，聽聽小孩對食物的喜好，
## 是一起工作時有趣的部分

小小孩很喜歡聊天，當有可以參與的話題時，總是希望能加入討論，常常在一陣熱烈對話中，我已經知道孩子一家人喜歡吃的各種美味與癖好了。

四歲女孩的實驗給了我創作的靈感，把兩種不同類型的餅乾相結合，會是怎樣的新風貌呢？下回我要找機會試試，在揉好的圓球上放一小匙杏仁瓦片麵糊，或許會意外成就一品外脆內鬆的絕美聯姻！

### ▶隔水加熱做法

「隔水加熱是先加熱水再放玻璃瓶？還是要把
玻璃瓶放在水裡一起加熱？」小小孩想知道哪
一種方法比較好。我回答說：「如果沒有一定
要把奶油加熱到幾度，先把鍋子裡的水燒熱了
移到桌上，再把裝奶油的玻璃瓶放進熱水裡，
奶油一下就融化了。」

[ 不燙手再移鍋 ]

[ 慢慢來不用急 ]

Tip 　 在工作中把為什麼如此做的理由放在與孩子的閒談裡。

### ▶四歲,有著對工作的細心堅持

「蛋白打散,再把細砂糖和鹽加進來,只要攪拌均勻就好了。」小女孩駕輕就熟的說。四歲的小孩有過烘焙經驗,做起事來很到位,在刮奶油加入麵糊的時候特別仔細,「玻璃瓶裡不要留下奶油,每一個點我都要檢查一次。」

「這是一個很簡單的餅乾,只要攪拌就好了吔!」倒入杏仁片,小小孩攪拌時像發現新鮮事一樣,察覺工作已經告一段落了。「要小心攪拌,不要把杏仁片弄碎了。」小女生提醒大家。

 小孩在簡單的工作裡可以注意到更多細節。

## ▶練習目測加減

把烘焙紙鋪在烤盤上,用湯匙舀出麵糊整齊排好,是多了還是少了?小孩練習目測比較大小,太多的就舀一些起來,太少的就再補一點。

## ▶沾水抹平，不黏糊

一圈圈黏黏的麵糊要怎麼抹平呢？在湯匙背面沾些水，
用沾了水那面輕輕地把麵糊壓成一片片，厚薄都要一樣。

▸**同工序，不一樣的口味**
相同的工序再做一次，小小孩只要多練習就會更純熟。檸檬椰子脆片一樣要抹成薄片。

▸**發現量的不同**
「這個麵粉很少呢！」小孩在篩麵粉時發現了量的不同，做餅乾除了用低筋麵粉，還有很多的可能。

檸檬椰子薄片

杏仁瓦片

# 杏仁瓦片

Almond Tuile

分量：16 片（直徑 9 公分）

| | 材料 | 重量（克） | 烘焙百分比（%） |
|---|---|---|---|
| **蛋白麵糊**<br>[ 作法 2-3] | 無鹽奶油 | 25 | 62.5 |
| | 蛋白 | 66（約 2 個） | 150 |
| | 細砂糖 | 50 | 125 |
| | 鹽 | 1 | 2.5 |
| | 低筋麵粉 | 40 | 100 |
| **其他** | 杏仁片 | 100 | 250 |

[ 作法 ]
1. 無鹽奶油隔水加熱融化。
2. 蛋白、細砂糖、鹽混合攪拌均勻。
3. 低筋麵粉過篩，加入 **2.**，攪拌至無粉粒。
4. 將融化的奶油緩緩加入蛋白麵糊，至均勻。
5. 杏仁片加入麵糊中拌勻，覆上保鮮膜，放進冰箱醒 30 分鐘。

**【烤箱預熱 150℃，烤盤鋪上烘焙紙防沾】**

6. 取出杏仁片麵糊，用大湯匙舀出等量麵糊，間隔整齊平鋪於烘焙紙上（間隔需留大一些），用湯匙背面沾水，整理烤盤上的麵糊，抹成厚薄一致的薄片。
7. 放入預熱烤箱內烘烤 10 分鐘，開始上色後降溫至 130℃，再烤至金黃。
8. 出爐放涼再密封保存。

[ **Point** ]

❖ 烤脆片餅乾時，寧願低溫慢火烘烤，也不要求快，改高溫短時烘烤。溫度太高的話，容易表面焦黑，中心不熟。每家烤箱狀況都不一樣，需要多練習幾次。

❖ 配方中的杏仁片可隨意更換成南瓜子等其他果仁片。

❖ 使用蛋白，成品會較酥脆。也可使用全蛋。

❖ 如果擔心成品過焦，可以在餅乾體熟透、微上色後，利用烤箱餘溫烘至酥脆。

# 檸檬椰子薄片
Lemon Coconut Crispy Chips

分量：16 片（直徑 9 公分）

|  | 材料 | 重量（克） | 烘焙百分比（%） |
|---|---|---|---|
| 蛋白奶油糊<br>[作法 1-2] | 無鹽奶油 | 70 | 350 |
|  | 糖粉 | 55 | 275 |
|  | 蛋白 | 50 | 250 |
| 粉料 | 低筋麵粉 | 20 | 100 |
| 其他 | 椰子粉 | 100 | 500 |
|  | 檸檬皮 | 適量 |  |

[作法] 1. 無鹽奶油室溫軟化，打成糊狀，緩緩拌入糖粉，至均勻。

2. 蛋白分次加入 1.，至完全乳化。

3. 粉料過篩，入蛋白奶油糊，攪拌至無粉粒，再放入檸檬皮。

4. 加入椰子粉拌勻，覆上保鮮膜，放進冰箱醒 30 分鐘。

   【烤箱預熱 150℃，烤盤鋪上烘焙紙防沾】

5. 取出椰子麵糊，用大湯匙舀出等量麵糊，間隔整齊平鋪於烘焙紙上（間隔需留大一些），用湯匙背面沾水，整理烤盤上的麵糊，抹成厚薄一致的薄片。

6. 放入預熱烤箱內烤 10 分鐘，開始上色後降溫至 130℃，再烤至金黃。

7. 出爐放涼再密封保存。

[ Point ]

❖ 把麵糊放在烘焙紙上成型時，若因離開冷藏時間長而變軟，不好操作，可以把剩餘麵糊放回冰箱，等麵糊硬一點再繼續。

❖ 薄片成型時盡可能厚度相同，烘烤時若上色不一致，要把已經上色的薄片先移出烤箱。

**相**較於延壓餅乾，乳沫類餅乾在塑型時需要更多技巧，小小孩要應付黏黏的麵糊必須更專注一些。

## 增進手眼協調能力

▶ 分配麵糊時，小孩要能夠掌握湯匙裡的分量，把舀出的麵糊放在適當位置，並且注意麵糊的起與落。這是一個前期製備容易、後期需要相對專注的烘焙練習。

## 培養有始有終的工作態度

▶ 烘焙過程中的材料製備、拌合、塑型、
入烤箱、出爐、清理等,都可以讓孩
子深度參與,不預設小小孩的能力,
才會激發孩子的潛力。

# 包進酥皮裡的四季蔬果

3 & 4 歲
燕麥蘋果派．蔬菜培根鹹派

電影裡經常看到，在西式宴會中女主人常在餐後端出一份水果派，以甜甜、散發著水果微酸味的點心為這一餐畫上完美句點。就像電影最後會播放的片尾曲，當觀眾還沉醉在故事情節裡時，看見銀幕上出現字幕往上走，又配合著歌曲，就知道該曲終人散了。說來，這餐後的派點或許就有這象徵性的功能。

派（Pie）在西點裡變化多端，口味彈性很大，不管鹹甜冷熱，蔬菜、水果、魚、肉和蛋等，都可包入派皮當作內餡。派皮作法會搭配內部填餡的特性，可分成雙皮派、單皮派。其中雙皮派的派餡多以較酸、較硬的水果醃製，用來製作水果派，也有人填入調理過的肉類做成肉派；而單皮派又有兩種作法：生派皮生派餡與熟派皮熟派餡。

這聽起來似乎有點複雜，但倒也無需太拘泥於此。其實只要派皮配方比例完美，餡料調製鹹甜合宜，填入的餡料自始至終都老實待在派皮裡，烤至透黃、香氣逼人出爐，就可以稱做成功的派了。

## 從舊經驗的基礎裡去建立新的概念，讓小小孩更容易進入狀況

「其實，派皮就像是一大片壓平的餅乾。」
我想用這樣清楚的連結介紹今天的主角，把看

似複雜的工作拆解成孩子可以理解的語言。

「喔，那很簡單，我會做餅乾，我已經學過了！」

三歲小男孩很有自信的說。

「今天要做大餅乾嗎？」

四歲的姐姐機靈的問著。

「我們今天要做的蘋果派，就是要把切好的蘋果包進大餅乾裡，只要這麼簡單就會變成蘋果口味的大餅乾。」

我在說明的時候加入一些動態的想像畫面。和小小孩一起工作時，我常把「很簡單」、「這不難」、「我們以前做過了」當成練習催化劑。

## 小孩只要心裡不覺得難，
## 就會變成有趣的挑戰

　　化繁為簡是親子在烘焙點心時的原則。

　　舉例來說，製作蘋果派有兩個重點：一是派皮，一是內餡。這個甜派皮配方和餅乾相似，只要按步驟操作，混合成糰放進冰箱，在三天之內使用都沒關係，工作繁忙或烘焙中途必須處理其他事情時，可以很彈性的選擇和孩子分段完成。

　　醃製蘋果內餡也沒有嚴格的時間規定，洗淨去皮、切塊後，淋上檸檬汁防止蘋果氧化，再撒上肉桂粉拌勻，這個步驟完成後，若時間不允許，也可以先中斷，等空閒再進行組合烘烤。

## 事件拆成小單位各自完成，
## 是新手親子玩烘焙很有用的時程建議

　　「誰想來試試剪一個和派盤底板一樣大的底紙呢？」

　　我喜歡安排小小孩在零星的等待時間做點手工，為了出爐後脫模順利，需要量身訂作一個底襯，把派皮和底板隔開。

　　「我想試試看，我很會用剪刀。」

　　四歲小男孩自告奮勇，對自己信心滿滿。

　　「把四邊形底板放在烘焙紙上，折出一樣的方形，再用剪刀沿著線剪下來。」我邊說邊示範，再請小孩試做一次。

　　烘焙紙很光滑，要折出線條必須用指腹或指甲緣用力按壓，劃出一道折痕才容易看出線條，過程要相對專注才能把線條做好。小男孩

很認真的劃出線，順利完成被交付的工作。

　　孩子間的相互學習，有時會比大人費心解說來得有成效。我請小男孩協助教會同學，成功完成底襯的小男孩搖身一變成為小助教，自己做過一遍，解說起來更清楚重點。

　　我發現這小助教教學時的語氣竟然和我如出一轍，孩子的聽覺很敏銳，真是過耳不忘呢！父母要好好利用小小孩的特長，想讓孩子記得的，就仔細慢慢正確的說，不想讓孩子模仿的就要慎言了。

### ▶用刨刀削水果皮

三歲小孩還不會使用刨刀去皮，大人先幫忙固定一邊，讓孩子感受用刨刀去除蘋果皮的力道與手感，再放手讓孩子操作。

### ▶擠檸檬汁的神器

把取汁器旋入檸檬軸心，旋入的過程破壞了果肉結構，整顆檸檬就變軟，軟到雙手可以擠出汁，這和直接把檸檬用力在桌上滾壓，讓果肉變軟有異曲同工之效。

### ▸肉桂味的誘惑

攪拌蘋果塊時，三歲的弟弟對肉桂味道太著迷了，直接被吸引到正在工作的姐姐旁邊，要求一起完成。肉桂香氣充滿了整個空間，青色的蘋果塊也被染成深褐色，當然，小小孩是忍不住品嘗慾望的，一邊工作一邊吃了起來。

### ▸開口大，不外溢

混拌材料最好選擇廣口容器，方便小小孩將材料倒入，合力攪拌時也不易把材料溢出盆外。

▸**夾縫裡的麵粉屑**

四歲小男孩在清理桌面時，動作較三歲細緻許多，會在意細縫裡夾雜的
麵粉屑，想要盡可能清除乾淨。

▶ **折線條，剪底襯，要專注**

四歲小男孩把四邊形底板放在烘焙紙上，折出一樣的方形後，用剪刀沿著線剪下來。

[ 壓折痕 ]                    [ 看線條清不清楚 ]

Tip　烘焙紙很光滑，要用指腹或指甲緣用力按壓，劃出折痕，才容易看出線條，這個過程要相對專注才能把線條做好。

Tip 孩子間相互學習有時比大人費心解說更能看出效果，我請小男孩協助教會同學，成功完成底襯的小男孩搖身變成小助教，自己動手做過，解說起來果然不一樣。

### ▶填派皮，重物壓實

填入餅乾派皮時，孩子先將派盤大致分布好派皮，再使用輔助工具壓實。

[用重物壓實派皮]　　　　[用手指捏實側緣派皮]

**Tip**

只要是平底、孩子好操作的重物都可以替代，壓實的過程中要提醒孩子注意四周邊角，底部壓好後，再請他們用手指捏實派盤側緣，只要大人稍微提醒，三歲小男生也可以做得很好。

### ▸把餡包進大餅乾

排入蘋果餡時，提醒小孩注意蘋果塊間隙也要填滿，全部填入後再把上部派皮鋪上，直到蘋果塊全都蓋住，四周派皮也要盡可能密合。

### ▶小手裡的奶油麵粉

攪拌材料、製作派皮,對小小孩來說已經駕輕就
熟了,我喜歡讓孩子用雙手捏拌奶油麵粉,體會
奶油從大變小的不同觸感。當然,使用工具也會
有不同的體會,都能試試看。

### ▶冷冰冰的麵糰，壓壓再擀

剛出冷藏的派皮對小小孩來說是不易擀開的，可以請小孩試著把擀麵棍放在麵糰上，分部用力按壓成一較扁平麵糰，然後換方向操作一次。一般來說，兩次之後就可順利擀開，成一厚約2~3公釐的派皮。

▸ **用派盤切出派皮**

小孩把小派盤倒扣在擀開的派皮
上，量出所需尺寸，用力下壓切出
派皮。

### ▶雕塑派皮的曲線

再把派皮貼緊小派盤,側邊
沿著派盤曲線將派皮壓出相
同線條,將烘焙石(重石,
可用任何豆子代替)放在完
成的派盤上入烤箱。

### ▶蛋汁九分滿,剛剛好

填入蔬菜培根餡,注入蛋汁高湯,提醒小孩留意注入量,在九分滿時停止,
完成後入烤箱。

燕麥蘋果派

蔬菜培根鹹派

# 燕麥蘋果派

Oatmeal Apple Pie

| | 材料 | 重量（克） | 烘焙百分比（%） |
|---|---|---|---|
| 派皮料 A<br>[派皮作法 1-2] | 低筋麵粉 | 200 | 100 |
| | 燕麥（或任何綜合麥片） | 170 | 10 |
| | 紅糖 | 150 | 15 |
| | 泡打粉 | 2（1/2t） | 3 |
| 派皮料 B | 無鹽奶油（冰） | 150 | 25 |
| 內餡料<br>[內餡作法 3-5] | 蘋果（5~6 顆） | 750 | 17 |
| | 檸檬汁（1 顆） | 55 | 2 |
| | 砂糖 | 100 | 30 |
| | 肉桂粉 | 15 | |
| | 無鹽奶油 | 30 | |

**【烤箱預熱 180℃，活動派盤底層鋪上相同大小烘焙紙防沾】**

[作法]
1. 派皮料 A 放入大缽混勻。
2. 派皮料 B 切小塊，拌入 **1.**，用手搓勻至無奶油塊，分成兩份（下層派皮 380 克，其餘為上層覆蓋用）。
3. 蘋果去皮切塊，淋上檸檬汁防止氧化。
4. 砂糖、肉桂粉混合均勻，拌入蘋果塊。
5. 室溫融化無鹽奶油，拌入 **4.**，備用。
6. 取 380 克派皮平均壓入派盤底部及側邊，至完全覆蓋。
7. 以重物壓實派皮（可用平底玻璃瓶或任何平底重物去壓）。
8. 鋪入滿滿的蘋果餡，盡可能鋪密實，派盤中心點可略高 2 公分，再順鋪至派盤邊緣，上覆剩餘派皮，壓實至看不見內餡。
9. 放入預熱烤箱烤約 70-80 分鐘，至表面呈金黃色，即可取出，放涼 1 小時後脫膜。

[ **Point** ]

❖ 1/2t=1/2 茶匙；1t=1 茶匙；1T=1 大匙。

❖ 蘋果最好切成邊長 3 公分左右塊狀，太小的蘋果丁烘烤後容易從派的中心頂點滑落，成品出爐就不會呈現中央較高的美麗弧線。

❖ 燕麥片可用任何早餐麥片取代，但如果太甜就要減低派皮料的紅糖量。

❖ 醃製蘋果塊要瀝乾再用，產生的汁液不要填入。蘋果烘烤後會再出水，和砂糖、肉桂粉結合成美味蘋果肉桂焦糖，所以看到派皮接縫處流出滾燙焦糖就表示快烤好了。

# 蔬菜培根鹹派
Vegetable Bacon Pie

分量：1 個（8 吋派盤）

|  | 材料 | 用量 | 烘焙百分比（%） |
|---|---|---|---|
| **派皮料 A**<br>[派皮作法 1-5] | 中筋麵粉 | 560 克 | 37.5 |
|  | 帕瑪森起司粉 | 60 克（6T） | 10 |
|  | 鹽 | 6 克（1t） | 1 |
| **派皮料 B** | 奶油（冰） | 280 克 | 37.5 |
| **液體材料** | 蛋（冰，4 個） | 200 克 | 100 |
|  | 水（冰） | 90 克 | 37.5 |
| **內餡料 A**<br>[內餡作法 6-7] | 義式培根 | 250 克 |  |
|  | 洋蔥丁 | 1 顆 |  |
|  | 蘑菇片 | 10 朵 |  |
|  | 彩椒丁 | 適量 |  |
| **內餡料 B** | 番茄乾 | 1 杯 |  |
|  | 羅勒葉 | 少許 |  |
|  | 乳酪絲 | 1 杯 |  |
| **蛋汁料**<br>[作法 8] | 蛋 | 3 個 |  |
|  | 雞湯 | 75 克 |  |
|  | 鮮奶 | 75 克 |  |
|  | 帕瑪森起司粉 | 40 克 |  |
|  | 鹽 | 1t |  |
|  | 黑胡椒粉 | 少許 |  |

[作法] 1. 派皮料 A 放入大鉢混勻。

2. 派皮料 B 切小塊，拌入 **1.**，用手搓勻至無奶油塊。

3. 將液體材料混勻，加入 **2.** 混合成糰，裝入塑膠袋封口，入冰箱冷藏至少 4 小時。（建議最好於前一晚製作冷藏）

【烤箱預熱：180℃】

4. 取 500 克麵糰擀成厚約 2-3 公釐的派皮，平鋪在 8 吋派盤壓平，去除多餘的邊，用叉子在底部戳些通氣孔。

5. 將重石（如紅豆）填入派盤，入烤箱烤約 18 分鐘，至表面金黃；取出刷蛋液，再回烤 5 分鐘。

【烤箱預熱：180℃】

6. 內餡料 A 分別炒香。

7. 填入烤好的派皮，依序鋪上番茄乾、羅勒葉，表層再鋪一層起司。

8. 蛋液料混合拌勻，注入 **7.**，放入預熱烤箱烤約 60 分鐘。

[ Point ]

❖ 工作規劃流暢，可以更從容地和小小孩研究烘焙裡的細節。這個配方可拆成兩階段操作，鹹派皮在前一晚混合完成，冷藏三天內用完都沒問題；若超過三天未使用，就要改冷凍保存，要用的前一晚再移到冷藏室回軟。

❖ 內餡蔬菜可任意更換，甚至前一夜吃不完的晚餐，只要冷藏保存好，沒有變質，瀝除多餘的菜汁，把菁華填入派皮，鋪上新鮮的甜羅勒等香草，再撒一層乳酪絲，最後注入蛋汁，入烤箱即可，這是超完美改造隔餐美味妙方。

❖ **番茄乾 DIY**：將新鮮番茄直切兩刀成四塊，放入有餘溫（90℃以上）的烤箱，烘至不會流出番茄汁液即可。烘製過的番茄乾，口感會改變，吃起來較有彈性。

讓孩子在烘焙等候的空檔閱讀食譜是件有趣的事。小小孩的記憶力超強,經常過耳不忘,尤其是在自己才剛動手做過之後,這個時間帶孩子閱讀相關食譜,對小小孩來說等於又多了一次紙上的練習機會。

## 知道酥皮與餅乾的相似性

▶ 在工作空檔時間和孩子研究燕麥酥皮的成分。拿任一餅乾的配方和酥皮比一比,看看有什麼異同?還不會閱讀文字的小小孩需要大人在一旁協助口述。

▶ 餅乾配方內的液體越少,口感和酥皮就越相似。

## 知道水果內餡的處理過程

▶ 蘋果裡的酶與空氣中的氧氣起了氧化反應，就會讓蘋果產生褐變；檸檬汁含有檸檬酸，可以防止蘋果表面氧化。當然，把蘋果塊浸在鹽水裡也可以防止褐變，但會讓蘋果帶點微鹹。這個配方為了同時得到檸檬的香氣，將蘋果、檸檬、肉桂充分混合，把蘋果香氣全部引出來。有些派的水果內餡會再加熱煮到收汁黏稠後使用，兩種方法都可以試試。

### 比一比：防止蘋果表面氧化

▶ **所需材料**：蘋果 1 顆、檸檬原汁和鹽水各適量
▶ **Step 1**：將蘋果對半切開，一半剖面右瓣刷上鹽水，另一半剖面左瓣刷檸檬汁。

▶ **Step 2**：放 1 分鐘，比一比，是左邊刷鹽水的白，還是右邊刷檸檬汁的比較白？（結果是：檸檬汁）

# 把香緹捲進鬆軟裡

對於食物的愛好通常都是一見鍾情 love in the first sight 的,在眾多蛋糕種類中,我獨愛口感輕盈的戚風蛋糕,或許是那剛剛好的柔軟、濕潤味道,或許是背後的可愛故事,或許是那一年一度的期待,這種悸動的感覺,就算是在多年之後,只要遇上相似情境,就會被自動開啟,像初生小鴨的銘印效應,認定了就緊緊追隨。

記得仁愛路上有一家戚風蛋糕專業的老字號,就位在我放學回家的路上,出學校後門左轉,過一個紅綠燈街口就到了。年少時每當家裡有人生日,媽媽會請我負責採買,我總會在大大的展示櫃前想像壽星喜歡的口味,選妥後看著店員仔細包裝,然後心滿意足地提著戚風蛋糕踩在樟樹林蔭裡,小心翼翼保持著完美外形,轉搭兩趟公車回家和家人分享。沿途公車一路顛簸,我戰戰兢兢的努力保護著。這蛋糕入口的美妙滋味,除了蛋糕體鬆軟中透著 Q 彈,我想長時間的細細呵護與等待,一定也為它加了些許分數。

**給小小孩的製作蛋糕初體驗,**
**我想放進這樣的美好印象,**
**在味蕾的啟發裡放入蛋糕樸實原味**

沒有多餘的奶油填餡,利用新鮮食材完成純蛋

糕，讓四歲的孩子從練習分蛋開始，先製作一個不加裝飾的清裸蛋糕，品嘗原味後，再利用相似的配方夾入打發鮮奶油與果醬，捲成蛋糕捲。重複相同的經驗，對小小孩來說是必要的熟悉過程，在每一次類似的練習中，再加入一點有意思的變化。

相較於小小孩的餅乾經驗，製作戚風蛋糕的材料使用了液態油脂，取代低溫會凝固的奶油，因此蛋糕體口感輕盈，配方裡也沒有任何泡打膨發劑的幫助，蛋糕膨脹力量全部來自蛋白霜的泡沫，是否打發足夠穩定的蛋白霜，變成戚風蛋糕成功的關鍵之一。所以，能把蛋白與蛋黃分開變成一項重要工作，要讓四歲小孩成功的完成這個動作，必須提供好的輔助工具與夠新鮮的雞蛋。新鮮的雞蛋拿起來手感沉甸，蛋殼較厚，雞蛋打開後，蛋黃膜很有彈性，蛋黃完整不易破散，在分離蛋白時成功機會高，小小孩較易得到成就感。

## 有一點挑戰的新技巧搭配可以達成的目標，
## 是設計小小孩烘焙進階的練習原則

「這個我做過了，把蛋打開，放在工具的中間，蛋白會從邊邊流下去，只剩蛋黃留在上面。」

當我把分蛋輔助器與雞蛋放在桌上時，四歲的小女孩立刻很有經驗的說。

小團體在一起工作時，我喜歡有小小助教，適度的賦予一些責任，會發現小小孩學習起來更加興趣盎然，於是我請小女孩先示範把蛋白和蛋黃分開。

「哇！蛋黃破了，混在蛋白裡，怎麼辦？」

在蛋白流下時，捏著蛋殼的左右手指過於用力，結果蛋黃被捏破了，小女孩的第一顆蛋沒有成功，有點懊惱的說著。

「沒關係，我們再試一顆，這次手指可以放鬆一點，打開蛋，對準分蛋器的凹洞放下，蛋黃就會留在洞裡了。」

我看著小女孩，一邊鼓勵她再試一次，一邊提醒細節。果然這次成功了！

「大家快看看，這顆蛋白和剛剛的不一樣，好像比較不黏吔。」

四歲小男孩發現了蛋白之間的差異，感覺流經手指的蛋白質地有些不同，看起來水水的。

「喔！這顆蛋應該放比較久，不像之前的那麼新鮮。你們看，新鮮的蛋打開，會很清楚看到白白的繫帶。」

我習慣在孩子工作時把一些食材常識加入對話中，把想讓孩子知道的事用他們能理解的語言融入正在進行的環節裡。

「繫帶就是小雞的安全帶，當它開始要變成小雞的時候，會幫助它在蛋殼裡不會滾來滾去，就像小貝比有臍帶，是在媽媽肚子裡的安全帶。」

在跟小小孩說明卵黃繫帶時，用安全帶來讓孩子理解，是最貼近經驗的一種說法。

「這顆放得比較久的蛋不好，它的安全帶可能不安全了，都看不清楚了呢！」

四歲小男孩很會連結，重新詮釋剛才的蛋白水漾現象，很自然的將它淘汰出局。

## 利用小小孩的舊經驗去詮釋新的觀念，
## 透過實際動手操作去感受是最好的學習方式

當一切都可以讓小孩眼見為憑時，今天新的知識便會成為小孩明天的舊經驗，知識的底面積就會越來越厚實了。

### ▶量一量，練習做紙模

開始製作蛋糕前，先準備鋪在烤盤（蛋糕捲）上
的紙模，讓孩子練習在紙上量出烤盤所需的大小，
再沿著邊線折出線條。

**Tip** 團體活動時大人可以適時協調，請先完成工作的孩子協助需要幫忙
的同伴。

四歲的孩子手眼協調發展有個別差異，能力好的孩子可以準確的對線，剪出需要的線條；動作不夠純熟的孩子可以多練習幾次。

▶**畫個圈，剪下底紙**

把分離式蛋糕烤模底板拆下，以烘焙
紙製作一個相同面積的防沾底紙。

 **Tip**

捲蛋糕的動作對四歲小小孩會過於困難，
將打發鮮奶油填入圍著蛋糕片的烤模，是
個不錯的變通方式。在製作蛋糕前，先將
需要的輔助模型都先準備好。

▶**建立多與少的概念**

四歲的年紀還不太清楚二位以上的數字，配方中的
秤量超過二位數，對小小孩來說是個挑戰。當孩子
練習秤量時，建立多與少的概念是學習的重點。

Tip 大人可以從旁協助提醒秤量對應的數字是什麼，例如 12 這個數值尚未建立時，可以換個方式提醒：「要出現一個 1 和一個 2，1 在左邊、2 在右邊。」有了多與少的概念後，數值概念自然就會出現。

▶ **分離蛋黃與蛋白**

分離蛋黃與蛋白需要相對的專注力，先將蛋殼敲開一條裂縫，
再用雙手拇指輕輕分開兩瓣，同時注意讓雞蛋剛好掉在分蛋器
的凹洞裡，這對小小孩是很好的專注力練習。

每個孩子在蛋黃準確落下前神情都十分嚴肅，
當順利達成分蛋任務時會立刻開心起來。

### ▸觀察蛋白質地的改變

打發蛋白霜需要持續快速攪打蛋白，電動打蛋器可以
讓這份工作進行得又快又好。在透明打蛋盆裡，蛋白
隨著快速攪拌的時間增長，體積與質地也跟著改變，
孩子看得到蛋白質地改變的過程。

Tip　時間充裕時，也可以試著讓孩子練習用手動打蛋
器快速攪拌蛋白。

打到差不多時，拿出打蛋器，「看，要打到像這樣子，
有尖尖的小峰，不會垂下來。」

### ▸拌合的技巧

拌合麵糊與蛋白霜時，提醒孩
子不要過度攪拌，要從盆底將
麵糊向上翻起，用切拌的方式
混合均勻。

### ▶鋪平蛋糕糊和鮮奶油霜

製作蛋糕捲，讓孩子操作將麵糊
平鋪至烤盤的工作，當刮板接觸
到蛋糕糊時，要提醒孩子控制力
道，以刮板前緣輕輕地將麵糊推
平至烤盤四角，直到成為一平整
蛋糕糊為止。

**Tip**

鋪平蛋糕糊和鮮奶油霜是不同的
手感，可以試著讓孩子說說看兩
者的差異。

捲起蛋糕前的平鋪打發鮮奶油工作，
可以讓孩子練習完成。

### ▸蛋糕捲的美麗變身

留下半盤的蛋糕片,切成與蛋糕模相同高度,然後切下適中的長度(足夠圈成一個圓),讓孩子填入鮮奶油霜,最後擺上切好的水果裝飾。

▶ **發現問題，**
**一起找替代方法**

小孩在製備過程中，
發現最後裝飾的水果
少了些亮麗點綴，提
議去尋找身邊的食用
野果代替。

南瓜戚風蛋糕

戚風蛋糕生乳捲

# 南瓜戚風蛋糕

Pumpkin Chiffon Cake

分量：8 吋

| | 材料 | 用量 | 烘焙百分比（%） |
|---|---|---|---|
| **麵糊**<br>[ 作法 1-3] | 蛋黃 | 5 個 | |
| | 細砂糖 | 20 克 | 22 |
| | 橄欖油 | 30 克 | 33 |
| | 低筋麵粉 | 90 克 | 100 |
| | 南瓜泥 | 90 克 | 100 |
| | 鮮奶 | 2t | |
| **蛋白霜**<br>[ 作法 4] | 蛋白 | 5 個 | |
| | 砂糖 | 60 克 | 66 |
| | 檸檬汁 | 1t | |

**【烤箱預熱：上火 170℃，下火 160℃】**

[ 作法 ]　**1.** 將蛋黃、細砂糖、橄欖油混拌均勻。

**2.** 加入過篩的低筋麵粉，順著同一方向切拌至無粉粒。

**3.** 將南瓜泥拌入蛋黃麵糊，加入鮮奶混勻。

**4.** 先用打蛋器破壞蛋白的鏈結後（開始有大泡泡），分次加入砂糖，再加入檸檬汁，打至乾性發泡（拿起打蛋器出現堅挺小峰）。

**5.** 取 1/3 打發蛋白霜拌入 **3.**，均勻後再拌入剩餘蛋白霜，至完全混勻。倒入戚風蛋糕模，至八分滿，輕敲兩下排氣，入烤箱烤 40~45 分鐘。

**[ Point ]**

❖戚風蛋糕的蛋白霜打得足夠發就好，打得太發比不夠發更難操作。太發的蛋白霜表面粗糙、結球狀，與蛋黃糊拌合時不好拌勻，導致攪拌次數過多，烤的時候更容易消泡，口感變得有韌性而不是鬆軟。適合戚風的蛋白霜，拉起來呈小的尖角，或是一點點彎勾，看起來呈濕潤、有光澤的狀態。

❖準備幾個戚風蛋糕烤模或杯子蛋糕容器，若有剩餘蛋糕糊，可多烤幾個小型蛋糕，同樣的蛋糕糊變換不同容器裝盛，就會讓人有不同的感受。

❖體積變小的蛋糕，烘烤時間也要跟著減少，出爐後一樣倒扣放涼。

❖戚風蛋糕配方裡麵粉比例少、水分比例多，烘烤後組織較鬆散，需要在烘烤時藉著沾黏模型才能往上爬升，所以不能選擇防沾烤模或抹油防沾，成品出爐必須倒扣放涼讓內部水分散出。

❖選購戚風蛋糕烤模，要挑底部可以分離的活動式模具，放涼完成的蛋糕才能順利脫模。脫模時，用脫模刀或扁平小刀沿烤模邊緣及底部刮一圈即可。

# 戚風蛋糕生乳捲

Chiffon Cake Roll

分量：42×32 公分烤盤成品（厚 2 公分）

| | 材料 | 用量 | 烘焙百分比(%) |
|---|---|---|---|
| **麵糊**<br>[作法 1-4] | 橄欖油 | 130 克 | 86 |
| | 鮮奶 | 130 克 | 86 |
| | 低筋麵粉 | 150 克 | 100 |
| | 蛋黃 | 10 個 | 100 |
| | 全蛋 | 1 個 | |
| | 蘭姆酒 | 適量 | |
| **蛋白霜**<br>[作法 5] | 蛋白 | 10 個 | |
| | 砂糖 | 180 克 | 120 |
| **鮮奶油霜**<br>[作法 9] | 動物性鮮奶油 | 500 克 | |
| | 砂糖 | 50 克 | |
| **其他** | 橘子果醬 | 適量 | |

【烤箱預熱：上火 180℃，下火 150℃】

[作法]
1. 將橄欖油、鮮奶混拌加熱至 65℃。
2. 加入過篩的低筋麵粉，順著同一方向切拌至無粉粒。
3. 分次加入蛋黃及全蛋液拌勻。
4. 然後加入適量的蘭姆酒（或任何水果風味酒）。
5. 先用打蛋器破壞蛋白的鏈結後（開始有大泡泡），加入砂糖，打至乾性發泡（拿起打蛋器出現堅挺小峰）。
6. 取 1/3 打發蛋白霜拌入 **4.**，均勻後再拌入剩餘蛋白霜，至完全混勻。
7. 倒入鋪好紙模的烤盤，以刮板輕輕推平，輕敲兩下排氣，入烤箱烤 15~18 分鐘。
8. 出爐後立刻將蛋糕體移出烤盤，先剝開四邊的紙放涼。
9. 鮮奶油打至濃稠狀，加入砂糖，攪打至體積變大，不會流動即可。
10. 然後在 **8.** 表面蓋上一張大於蛋糕體的蛋糕紙，雙手抓住蛋糕紙兩邊，慢慢將蛋糕翻面。接著撕掉紙模，去除不規則的邊，將鮮奶油霜和果醬平鋪在蛋糕體上。
11. 取一擀麵棍放在蛋糕紙下方，捲在蛋糕紙內，再把擀麵棍抬高，置於蛋糕體上方，順勢將蛋糕向前捲起。
12. 捲完用擀麵棍向內輕推，讓蛋糕捲結構更緊密些，兩端收口後入冰箱冷藏。

[ Point ]

✛ 拌入低筋麵粉時，記得不要過度攪拌，
　輕輕拌合即可。若發現麵糊裡還有些許粉
　粒，待全部液體加入後，靜置一會自然就
　會散開。

✛ 出爐放涼時要先將四邊的紙剝離蛋糕體，
　方便水分散出。

✛ 理想的打發鮮奶油呈濃稠狀，在容器內可
　定點不流動，外表細緻光滑。

✛ 一般而言，蛋糕體表面出現膨脹裂紋，開
　始聞到蛋糕香就可以準備出爐了。出爐前
　再用蛋糕探針刺入蛋糕中心點，如果抽出
　來沒有沾黏蛋糕糊就表示 OK 了。

小 小孩在經驗烘焙餅乾後，對材料有了基本認識，這時練習自己秤量更能掌握工作重點。不過也要提醒爸爸媽媽們，孩子發展上有差異是很正常的現象，無需和別人比較快慢，讓小小孩喜歡動手做，喜歡學習，會發現孩子累積知識的速度超乎想像。

**容器與成品**

▶ 相同的蛋糕糊放入不同的容器就變得不一樣了。

▶ 小小孩喜歡小小的蛋糕輕巧可愛，我喜歡有點分量的蛋糕保濕柔軟。容器除了改變成品外觀的感受，質地也會因受熱穿透力不同而產生不同的口感，品嘗成品時可以試著讓小孩說出不同的地方。

## 學習秤與量

▶ 「看得懂數字」和「知道數字量的意義」是兩個階段,在秤量的過程中,數字會隨著物體量的改變而產生變化。

▶ 小小孩在秤台上增減物體時,得到數字改變的具體意義,看得到的改變建構了質量與數字的關聯性。

# 爲蛋糕淋上美麗外衣

望著冷藏櫃裡的各式蛋糕，我的眼光總會停在巧克力的品項，有表面撒滿了巧克力屑的黑森林、夾了滑順巧克力甘納許內餡的凱薩蛋糕、淋上鏡面巧克力或僅僅是乾淨清爽的巧克力戚風原味，都會讓我陷入取捨的交戰裡，常常最後都在每種都買一個的情況下結案。

我想知道在選擇蛋糕上，別人是否有和我一樣的困擾，日前對身邊的人進行了訪問，70% 第一選項是巧克力口味，10% 選擇原味，另外的 20% 不喜歡甜食。

怎麼會有人不喜歡甜點呢？我好奇的開啟了深入訪談的節奏。

「爲什麼不喜歡甜點，妳不覺得飯後來上一小份迷人的甜點才算是完美的結束嗎？」我帶著想要說服的語氣不解的問著。

「應該是說，我不喜歡太甜的甜點，真不明白爲什麼點心都一定要做那麼甜！如果一定要我選的話，我會選擇布朗尼蛋糕（Brownie），但不能太甜。」朋友又再次強調對甜度的標準，臉上表情充滿對過甜點心的厭惡。

「布朗尼也算巧克力蛋糕的親戚，所以還是投了巧克力一票嘛！」我爲巧克力蛋糕多拉了一票開心不已。

　　「我覺得除了甜度之外，製作原料的優劣才是關鍵因素，偶爾也會吃到覺得好吃的，但不能太甜。」我的朋友很可愛，對於不能太甜強調了三次。

## 大部分市售蛋糕糖分比例較高是因為有銷售考量，
## 自己在家烤蛋糕，可以依個人口味調整甜度

　　其實把蛋糕糖分比例提高，是為了保持蛋糕中的水分，延緩乾燥和老化，但在家自製蛋糕就可以調整糖分比例，在範圍內把糖分降低或提高。一般來說，高成分麵糊類蛋糕配方裡的糖量為 110% ～ 180%（麵粉量為 100%，高成分是指配方裡的用糖量高於麵粉；反之是低成分），如果蛋糕烤好了，下次想提高或降低一點甜度，在 110% ～ 180% 之間都可以實驗看看。

在蛋糕上淋上糖霜或巧克力醬會讓蛋糕吃起來更有層次感，蛋糕體與淋醬要互相搭配，甜的蛋糕就搭上微酸的淋醬，而配方糖分較高的巧克力蛋糕，就使用苦甜巧克力來製作巧克力甘納許淋醬，以保持味蕾對甜度的平衡。

## 一直以來我認為帶著微酸口感的檸檬蛋糕是屬於大人口味的，路上遇到小男孩卻給了我不一樣的啟發

那天，我提著剛淋上檸檬糖霜的蛋糕想讓大家嘗嘗，走在夕陽下，在往餐廳的小路轉角遇上三歲男孩。

「漂漂媽咪，這蛋糕是妳做的嗎？聞起來有一種好吃的味道。」

三歲男孩看我手上提著檸檬蛋糕，跟著我一直轉。我想是蛋糕上的檸檬味剛好被一陣風吹散了出來，使嗅覺特別靈敏的小小孩露出期盼的眼神。

「這是有點酸的檸檬蛋糕，小孩會喜歡這種口味嗎？」

我真心詢問小小孩的意見，看來我有點被制約了，以為小小孩會不喜歡微酸口感。

「那我吃吃看就知道喜不喜歡了呀！」

三歲男孩提了一個皆大歡喜的好點子，同時解決了兩人的問題。

「吃吃看就知道喜不喜歡」和「試試看就知道會不會」，我想是具有同樣振奮含義的。「不去做怎會知道」，三歲的孩子竟然可以體會得這樣深，大人在教導孩子的時候，有時啟發到的是自己。

### ▶照數字形狀,加熱融化奶油

55 是多少呢?三歲的孩子正在建立量與數的概念,會數數、認得數字、知道數字量的意義是不同階段的認知發展。要把奶油加熱融化到 55℃,先幫小小孩在本子寫上大大的數字,當看到溫度計顯示一樣形狀的數字時,就表示溫度到了。

**Tip**

檸檬蛋糕需要融化的奶油較多,小小孩說玻璃瓶好像放不下全部呢!「試試看先融化一半,體積會不會變小?」融化的奶油填滿了原來的空隙,空出位子再把剩下的一半放進玻璃瓶裡。

[ 再次隔水加熱，將奶油全部融化 ]

[ 確認溫度 ]

Tip　奶油從室溫加熱到 55℃ 需要一些時間，三歲女孩也想量量奶油的溫度，一起參與工作，小孩興致會更高。

▶一人一半，分工合作

「我想要打開四顆蛋，我已經學會了。」三歲女孩很有自信的說。有過打開蛋殼的舊經驗，小孩對新任務得心應手。三歲男孩也想表現一下，兩個小孩自己協調每人打開一半的雞蛋。

Tip

當孩子有些爭執時，大人先退後觀察，讓小孩可以自己達成協議。

三歲孩子自己分配工作，一人負責把蛋打散，一人負責整理桌面。

▶ **蛋液長大的過程**
　加熱到45℃的蛋液，
　孩子說看起來有點像
　透明的果凍。

倒入攪拌機裡打發，
當空氣打進去時，顏
色就會慢慢變淡，溫
暖的蛋液在透明攪拌
缸裡長大了。

▶ **使用不同的粉篩工具，**
**注意不同細節**

麵粉過篩是小任務，如果用的是彈簧
粉篩，小小孩可以練習手指的握力；
使用細網式粉篩，就要注意麵粉要落
到玻璃盆裡。

### ▸把取汁器轉入檸檬軸心

用取汁器擠檸檬汁時，小小孩雙手要分別用
力握緊檸檬與工具，將取汁器對準檸檬的中
心（軸心）旋入，當取汁器的小鋼片破壞檸
檬果肉結構後，就可以輕鬆擠出檸檬汁。

Tip　在工作中提供方便孩子操作的工具與適度的挑戰，可以提高孩子的
學習動力。

### ▶刨檸檬皮,當香料

檸檬綠色表皮含有香精,要把表層綠皮刨下來,當作香料使用。刨檸檬皮時,要提醒孩子留出一些厚度接觸工具,大人可以幫忙固定刨皮器一端,讓小小孩專注於刨絲工作。

[ 糖霜裡放點檸檬皮,香香的 ]

### ▸做巧克力淋醬，先敲碎再融化

製作巧克力甘納許之前，請小小孩先把巧克力敲成碎片，把鮮奶油加熱到 70℃，會看數字的四歲姐姐來幫忙，溫度到了就可以把巧克力碎片加入融化。

[ 攪拌融化巧克力碎片 ]

### ▸為蛋糕穿上美美的衣服

在冷卻的檸檬蛋糕上淋上糖霜，撒上細細的綠色檸檬皮，為蛋糕穿上綠點點的白色衣服。

在巧克力戚風蛋糕上淋上濃濃的巧克力甘納許醬，美麗的外衣改變了蛋糕樸實的樣貌。

老奶奶檸檬蛋糕

巧克力甘納許蛋糕

# 巧克力甘納許蛋糕
Chocolate Ganache Cake

分量：1個（9吋）

| | 材料 | 重量（克） | 烘焙百分比（%） |
|---|---|---|---|
| 蛋黃麵糊<br>[作法 1-3] | 水 | 80 | 80 |
| | 可可粉 | 30 | 30 |
| | 牛奶 | 80 | 80 |
| | 蛋黃 | 144 | 144 |
| | 油（任何液體油） | 80 | 80 |
| | 低筋麵粉 | 100 | 100 |
| | 玉米粉 | 36 | 36 |
| 蛋白霜<br>[作法 4] | 蛋白 | 288 | 288 |
| | 砂糖 | 144 | 144 |
| | 塔塔粉 | 2 | 2 |
| 淋醬<br>[作法 7] | 巧克力 | 200 | |
| | 鮮奶油 | 200 | |

**【烤箱預熱：上火 170℃，下火 170℃】**

[作法]
1. 將水、可可粉、牛奶混拌均勻。
2. 蛋黃打散，分次加入液體油至完成乳化，再加入 1. 拌勻。
3. 拌入過篩的低筋麵粉、玉米粉，順著同一方向切拌至無粉粒。
4. 先用打蛋器破壞蛋白的鏈結（開始有大泡泡），加入砂糖、塔塔粉，打至乾性發泡（拿起打蛋器出現堅挺小峰）。
5. 取 1/3 打發蛋白拌入 3.，拌勻後再加入剩下的蛋白霜混勻。
6. 準備 9 吋戚風蛋糕烤模，倒入麵糊至八分滿，輕敲兩下排氣，入烤箱烤 30 分鐘。出爐後立刻移出烤盤倒扣放涼。
7. 鮮奶油隔水加熱至 70℃，關火，加入巧克力攪拌至完全融化。
8. 蛋糕體冷卻後，脫模，放在下有托盤的網架上，表面淋上做好的巧克力甘納許淋醬。

[ Point ]

❖ 蛋黃先將油乳化完全，後續混拌事半功倍。

❖ 配方裡的糖全部用在打發蛋白霜，是為了讓蛋白打發時結構更穩定，比較不易消泡。這個方法也可應用在其他戚風蛋糕製作上。

❖ 巧克力甘納許淋醬，就是簡單的將巧克力加鮮奶油混合均勻，兩者用的比例會影響軟硬度，可試著自己調整。巧克力品質也會影響淋醬口感，建議選擇純度較高的巧克力。

# 老奶奶檸檬蛋糕
Granny's Lemon Cake

分量：1個（7吋）

| | 材料 | 用量 | 烘焙百分比（%） |
|---|---|---|---|
| **蛋糕**<br>[ 作法 1-3 ] | 奶油 | 160 克 | 160 |
| | 全蛋 | 4 個 | |
| | 細砂糖 | 140 克 | 140 |
| | 鹽 | 1/2t | |
| **粉料** | 低筋麵粉 | 100 克 | 100 |
| | 泡打粉 | 1/2t | |
| | 杏仁粉 | 50 克 | 50 |
| **其他** | 檸檬汁 | 20 克 | 20 |
| **檸檬糖水**<br>[ 作法 7 ] | 冷水 | 20 克 | |
| | 細砂糖 | 30 克 | |
| | 檸檬汁 | 20 克 | |
| **披覆糖霜**<br>[ 作法 8 ] | 糖粉 | 300 克 | |
| | 檸檬汁 | 60 克 | |
| **裝飾** | 檸檬皮 | 1 顆 | |

【烤箱預熱：上火 160°C，下火 170°C】

[作法]　**1.** 奶油隔水加熱至 55°C。

**2.** 蛋、細砂糖、鹽混拌均勻，隔水加熱至 45°C（蛋液會變成像透明溏心蛋）。

**3.** 將蛋液倒入攪拌機，打到顏色變淡、不流動，濃稠到拉起可以寫字的程度，慢慢拌入奶油，至均勻。

**4.** 所有粉料過篩，加入 **3.**，切拌混勻，再加檸檬汁。

**5.** 準備 7 吋烤模，倒入麵糊至七分滿（如有剩餘可倒入小烤模或杯子蛋糕紙模）。

**6.** 入烤箱烘烤 15 分鐘，掉頭再烤 10~15 分鐘，見蛋糕中央出現膨脹裂紋、聞到蛋糕香氣就是烤熟了。或者用蛋糕探針刺入中心點，拿起來沒有沾黏麵糊就可以出爐。

**7.** 調好檸檬糖水，趁蛋糕體還有餘溫時刷上，使蛋糕體充分吸收，檸檬香氣會更濃郁。

**8.** 混勻糖粉和檸檬汁，待蛋糕體冷卻後淋上，撒上檸檬皮屑裝飾（糖霜裡也可以先刨些檸檬皮放進去）。

[ **Point** ]

❖ 全蛋打發時，溫度的掌控很重要，不到 45°C 很容易失敗。製作時先請孩子加熱奶油，等奶油溫度達到 55°C，再加熱蛋液。

❖ 溫控不良，蛋液無法打發，難以支撐結構，烤出蛋糕體不會膨鬆。一旦發生這種狀況，有個變通的補救辦法，可另外打發蛋白霜加入最後的麵糊。

❖ 如果不喜歡太酸，檸檬汁刷入量可自行斟酌。

❖ 披覆用檸檬糖霜可分兩次淋在蛋糕表面，等第一次淋下的糖霜稍微硬化，再淋第二次，蛋糕看起來會更有層次感。

讓小小孩在每一次的烘焙練習裡加入一點點變項，不同的溫度會產生什麼變化？先加熱蛋汁，還是先融化加熱奶油？如果到達需要的溫度，哪一種會比較快冷卻？用小小孩可以理解的語言一起討論與發現，是親子一起練習烘焙很有趣的時刻。

## 建構多與少、快與慢

▶ 砂糖、鹽一起加入蛋液裡，要加熱到 45℃。「45 比 55 少，會比較快嗎？」三歲男孩很會連結，小小孩在實際操作後建構多與少、快與慢的邏輯思考。在看得見的溫度跳動中，孩子連結了等待的時間長短。

## 培養解決問題的能力

▶ 烘焙點心技巧與經驗增加，排除困難的能力也會增加。在沒能順利打出配方裡需求的蛋液時，試著再打一點蛋白加進去，提供足夠的支撐，或許就因此創造出新口感的檸檬蛋糕。

Tip

親子一起玩烘焙，開放實驗的精神，凡事都有可能的點。

# 在蛋糕與麵包之間

**4 歲**
原味司康。南瓜司康。鮮奶酵母比司吉

樹蔭下，透過落地窗傳來小小孩的笑聲，我往屋裡望去，只見三位小小孩正在討論著我特意放的有關比司吉製作的食譜書。

年輕時在炸雞速食店第一次吃到這個點心，鬆散的口感和台式微Q的麵包體有著很大的差異，當時廣告單上拍得橙黃焦香的誘人炸雞和咧嘴微笑的比司吉，怎麼看都是門當戶對，這樣的形象深植人心，總覺得不把它們配在一起像做了件棒打鴛鴦的蠢事。所以，我對比司吉的記憶是和速食炸雞、青春歲月連在一起的。

認真說起來，比司吉和司康確實是短時間內可看到成果的烘焙小點，比司吉的原料並不複雜，很容易就能在超市購齊所需材料，快速拌合後冰鎮切模成型入烤箱，只要一小時就可以看到成品出爐，對於耐心不長的小小孩是很好的正向鼓勵型點心。比司吉（Biscuit）在美國南方是以泡打粉或小蘇打取代酵母做為膨鬆劑製成的小麵包，外皮

烤得焦黃堅脆，內裡蓬鬆綿軟，類似英國下午茶點司康（Scone），由於發酵製程不耗費時間，所以一般合稱為「速發麵包」。

「我喜歡這種口味，裡面的黃色好像是南瓜，應該有像南瓜蛋糕一樣加了南瓜泥。」

四歲小男孩很有經驗的說著，對於搗碎南瓜記憶深刻，舉一反三地推論。

「這個裡面有加葡萄乾吔，我有看到，在這裡。」

四歲小女孩手指著書裡的葡萄乾司康，熱情地回應好朋友。

「這個看起來不一樣！它的邊邊好像有一層層的皮，怎麼會這樣？」

對於司康裡添加的材料與外型，大家都很有想法，小小孩此起彼落煞有其事的談論著。

「漂漂媽咪，為什麼這個比司吉長得不一樣呢？」

發現外型有差異的四歲小男孩抬起頭問我，殷切地想知道答案。

「喔！這個是加了酵母的比司吉，和前面的材料有點不一樣呢，你們看，

這裡寫的是中筋麵粉。」

雖然四歲的孩子不太認識字，但還是可以辨識字的形狀不同，我用手指出配方差異，接著說：

「你們知道中筋麵粉和低筋麵粉有什麼不同嗎？我們今天要不要來試試，不同的麵粉做出來的比司吉吃起來有什麼不一樣？」

回答小孩的同時，我也拋出新的問題。

## 和小小孩一起工作時，拋問題並不需要急著回答，讓孩子有段反思時間和操作體驗

小孩對於吃進嘴裡的口感，在努力工作之後肯定會有不同的體悟。我喜歡在每一個下次加入一些新的挑戰，比如說在相似的配方裡加入果泥或果乾讓孩子試做，看看成品會有什麼不同？有什麼細節需要重新檢討修正？透過大人的提醒，你會發現小小孩很能找到重點。

「這個南瓜口味的水和原味的不一樣多，為什麼呢？」

正在秤量的小男孩看到彈簧秤指針停在不同的位置，首先提出疑問。

四歲的小孩還不太會看電子秤上的數字，秤量可以從看到指針的彈簧秤開始練習，看得見的指針移動，加強了孩子對秤台上物品多與少的概念，小小孩發現了正在量的水分的差異。

「你們摸摸看，麵粉和南瓜泥有什麼不同？」

我想把答案放在孩子的體會裡，順手拿了一些麵粉和南瓜泥在小孩面前，鼓勵他們伸出手摸摸看。

「南瓜泥摸起來黏黏的，麵粉是乾的。」

小女生動作很快的伸手試摸，說出自己的體會。

「那這兩樣加在一起呢？」

我另外準備了 80% 麵粉重的水，請小孩加進麵粉裡。

「麵粉變成黏黏的了！」

小女生攪拌之後發現了變化。

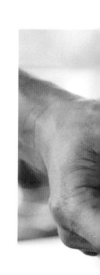

## 把抽象的概念化成實際行動，
## 對眼見為憑的小小孩是很受用的

要建立南瓜含水量 80% 的概念，透過實驗最能讓孩子體會，大人有時不需急著說明，讓孩子把水加進麵粉，含水量的具體意義也加入了孩子的烘焙背景知識裡。

加了南瓜泥的配方，水分就要減少一些，這個實用的概念可以運用在之後的烘焙點心，在每一次遇到果泥的作品中都可以讓孩子再次複習含水量的意義。

### ▸看得見指針的秤量練習

小小孩的秤量練習從看得見指針的彈簧秤開始,把需要的
重量值標示起來,當麵粉的重量到達標記時,就是重量足
夠了。看得見指針移動可幫助孩子建構重量概念。

Tip

精確的少量秤量可換成電子秤，或大人事先轉換成容積（如 1 小匙鹽 = 4 克）也可以。

▶體驗用雙手搓揉拌合

把奶油丁揉搓到粉類材料時,可以先讓孩子以雙手練習揉搓,感受一下冰
奶油丁和麵粉拌合時觸覺的變化,當然也可使用壓泥工具把奶油丁和粉料
充分壓合。

### ▶觀察溫牛奶中酵母變化

第一次使用酵母，小小孩認真觀察溫牛奶中酵母的變化，經由溫度的喚醒，孩子看見開始產氣的酵母活力。

▸**擀整麵糰，三折兩次**

冰鎮完成的司康麵糰需要經過三折兩次的擀整後，整型成厚約 2.5 公分的麵皮，再用餅乾壓模壓出適合大小與形狀。

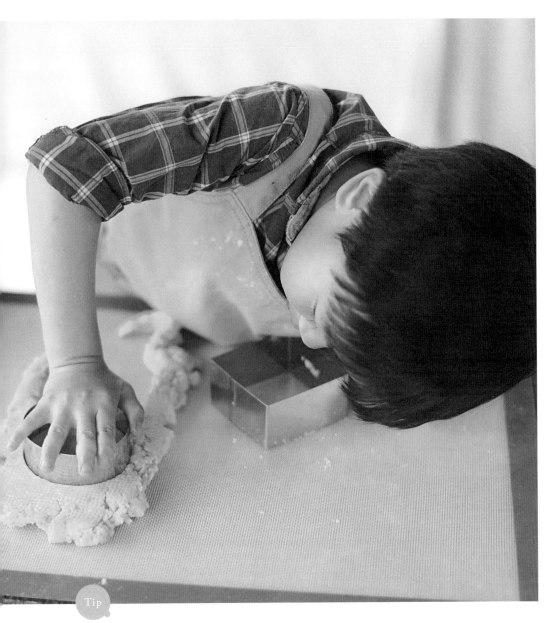

Tip

司康麵皮比餅乾厚實許多，壓出成型對小孩是個考驗，除了雙手一起按壓，
有時也會需要借助全身力量才能完成。

## ▶搬移司康，訓練手部平衡

剛出爐的司康，可讓孩子試試移出烤盤的動作。高溫的司康底部有融化的油脂，運送途中若沒有維持水平，不銹鋼派鏟上的司康就會滑落下來，因此藉由搬移司康可以訓練孩子的手部平衡。

南瓜司康

原味司康

鮮奶酵母比司吉

# 原味司康

Original Scone

分量：6個

| | 材料（※可省略） | 重量（克） | 烘焙百分比（%） |
|---|---|---|---|
| **粉料**<br>[作法 1] | 低筋麵粉 | 300 | 100 |
| | 起士粉 ※ | 30 | 10 |
| | 泡打粉 | 9 | 3 |
| | 砂糖 | 45 | 15 |
| | 鹽 | 2 | 0.7 |
| **奶油** | 無鹽奶油（冰） | 75 | 25 |
| **液體材料**<br>[作法 3] | 蛋（1個） | 50 | 17 |
| | 檸檬汁 ※ | 6 | 2 |
| | 鮮奶油（或優格） | 90 | 30 |

[作法]　**1.** 所有粉料放入大缽，加入砂糖、鹽混勻。

　　　　**2.** 無鹽奶油切小丁，拌入 **1.**，用手搓勻至無奶油塊。

　　　　**3.** 將液體材料混勻，加入 **2.** 混合成糰，裝入塑膠袋封口，入冰箱冷藏至少 1 小時。

　　　　**【烤箱預熱：200℃】**

　　　　**4.** 從冰箱取出麵糰，擀平（三折兩次），然後擀至厚約 2-2.5 公分，以圓形壓模壓出麵皮（或切成自己喜歡的大小），上面抹奶油或刷上蛋液。

　　　　**5.** 放入預熱烤箱烘烤約 18 分鐘，至表面微金黃。

[ **Point** ]

❖ 配方裡的低筋麵粉也可改成中筋麵粉。用低筋麵粉做，口感酥鬆，像蛋糕；換成中筋麵粉，口感較紮實，像麵包。此單元使用的麵粉都能隨意更換實驗看看。

❖ 不經過發酵作用的麵粉最好都要過篩，尤其是易結塊的低筋麵粉，過篩後回復膨鬆，便於與其他粉料混合均勻，否則做出成品容易有結糰現象，影響口感。

❖ 一般來說司康呈現酥鬆的口感，奶油在冰涼狀態下和麵粉揉搓成鬆散的金黃粉粒，成糰冰鎮後烘烤，就會有漂亮的裂口（又稱作狼口）。回溫的奶油在混合麵粉時不能保持鬆散顆粒，會成為類似油酥的狀態，烘烤後較無層次感，不是我們期待的口感。

❖ 麵糰三折兩次，是指將麵糰擀平，呈長方形，折成三折，變成三分之一大小，把麵糰轉九十度擀開；再折成三折，擀平至所需要厚度。

# 南瓜司康

Pumpkin Scone

| 材料（※ 可省略） | | 重量（克） | 烘焙百分比（%） |
|---|---|---|---|
| **粉料**<br>[作法 1] | 低筋麵粉 | 300 | 100 |
| | 起士粉 ※ | 30 | 10 |
| | 泡打粉 | 9 | 3 |
| | 糖粉 | 45 | 15 |
| | 鹽 | 2 | 0.7 |
| **奶油** | 無鹽奶油（冰） | 75 | 25 |
| **液體材料**<br>[作法 3] | 蛋（1 個） | 50 | 17 |
| | 檸檬汁 ※ | 6 | 2 |
| | 南瓜泥 | 110 | 36.6 |

[作法]　**1.** 所有粉料放入大缽，加入糖粉、鹽混勻。

　　　　**2.** 無鹽奶油切小丁，拌入 **1.**，用手搓勻至無奶油塊。

　　　　**3.** 將液體材料混勻，加入 **2.** 混合成糰，裝入塑膠袋封口，入冰箱冷藏至少 1 小時。

　　　　**【烤箱預熱：200℃】**

　　　　**4.** 從冰箱取出麵糰，擀平（三折兩次），然後擀至厚約 2-2.5 公分，以圓形壓模壓出麵皮（或切成自己喜歡的大小），上面抹奶油或刷上蛋液。

　　　　**5.** 放入預熱烤箱烘烤約 18 分鐘，至表面微金黃。

**[ Point ]**

❖ 前面原味司康用的是「砂糖」，這裡用「糖粉」，吃起來略有不同。配方裡使用砂糖，成品帶有甜甜的顆粒感，都可互換著做做看。

❖ 示範南瓜司康是圓形的，除了用餅乾壓模壓出麵皮，換成大小合宜的玻璃杯、裁剪適合的保特瓶，也都可以達到相同效果。以我的經驗，用可樂保特瓶可以有較硬的壓模，打開瓶蓋，方便通氣，壓下的麵糰較易脫模。

❖ 南瓜泥蒸熟壓泥就好，不需要用到果汁機。如果喜歡鮮橘色，可保留外皮一起壓碎，成品會有點狀橘紅的有趣變化。

# 鮮奶酵母比司吉

Milk-yeast Biscuit

分量：6 個

|  | 材料 | 重量（克） | 烘焙百分比(%) |
|---|---|---|---|
| **粉料**<br>[ 作法 1 ] | 中筋麵粉 | 400 | 100 |
|  | 泡打粉 | 7 | 1.75 |
|  | 糖粉（或砂糖） | 30 | 7.5 |
|  | 鹽 | 8 | 2 |
| **奶油** | 無鹽奶油（冰） | 150 | 37.5 |
| **液體材料**<br>[ 作法 3 ] | 速發酵母 | 5 | 1.25 |
|  | （* 或酵種） | （80） | （20） |
|  | 溫牛奶 | 50 | 12.5 |
|  | 鮮奶油（或優格） | 155 | 38.75 |

[ 作法 ]

1. 所有粉料放入大缽，加入糖粉、鹽混勻。
2. 無鹽奶油切小丁，拌入 **1.**，用手搓勻至無奶油塊。
3. 將液體材料混勻，加入 **2.** 混合成糰，裝入塑膠袋封口，入冰箱冷藏至少 6 小時。
   **【烤箱預熱：200℃】**
4. 從冰箱取出麵糰，擀平（三折兩次），然後擀至厚約 2~2.5 公分，切成自己喜歡的大小，刷上奶油。
5. 放入預熱烤箱烘烤約 18 分鐘，至表面微金黃。

[ Point ]

❖ 這個配方使用中筋麵粉，是想要呈現類似麵包的口感。

❖ 配方裡的酵母可用速發酵母或酵種。使用的酵種會因起種材料不同而有風味變化，而且成品保濕度較高，口感較好。

❖ 為了提供速發酵母適合的發酵溫度，把配方裡的鮮奶稍微加熱至 35℃微溫即可。

❖ 若想要縮短製作時間，可在麵糰成糰後室溫發酵 40 分鐘，放入冰箱冰鎮至少 2 小時後使用。

利用烘焙空檔，親子一起研究烘焙上的疑問，透過觀察與觸摸，小小孩分享自己的感受。對實際操作實驗印象深刻，小小孩就可以輕易記下來，慢慢的累積烘焙知識。

## 分辨不同筋性的麵粉

▶ 要分辨麵粉的筋性，可以從麵粉顏色和手的觸感來著手。

▶ 低筋麵粉蛋白質含量低，可研磨成較細顆粒，對光的反射力較高，看起來顏色比較淡；相反的，中、高筋麵粉蛋白質含量較高，麵粉研磨無法像低筋那樣細緻，對光的反射力相對低一些，顏色看起來比較暗沉。不小心把分好的材料弄混時，可以把兩種麵粉放在一起觀察，顏色深的就是筋性較高的。

## 增進口感分辨能力

▶ 酵母發酵過的比司吉，外觀有層次感，吃起來較濕潤鬆軟，口感比較像麵包；而低筋麵粉做的司康，吃起來較酥鬆，口感比較像蛋糕。在孩子品嘗做好的成品時，可引導他們練習說出三者的差異。

## 認識發酵作用

▶ 製作發酵比司吉麵糰時，可讓孩子仔細觀察酵母在溫牛奶中的變化。為什麼會有氣泡產生？這些氣泡在麵糰中做了什麼事？

▶ 牛奶裡的酵母經過溫度的喚醒，開始了發酵作用，產生的二氧化碳變成了往上冒的許多小泡泡。

▶ 左邊？右邊？哪個是有發酵的。答案是：「小女孩右手拿的比司吉。」鮮奶比司吉中的酵母在發酵過程已釋放出二氧化碳，在入烤箱前就呈現發酵的膨鬆狀態。酵母除了可以產生氣體使麵糰膨鬆，還可擴展麵筋使產品口感更 Q，較長時間發酵麵糰會引出更香醇的風味。

# Part 2

# 尋找
## 散落的酵母

看不見、摸不著的酵母是什麼呢？
在烘焙過程裡小孩說：「酵母是讓
麵包長大的小幫手。」酵母讓麵糰
先行作用，創造出更好的風味，究
竟麵糰、酵母、時間、溫度玩了什
麼遊戲？聚焦小小孩養酵母這件
事，讓孩子自己去發現。

*Set* **8**

# 完美的快速麵糰

快速酵母直接法──3歲──
雞蛋牛奶吐司。奶酥葡萄乾小餐包

我很喜歡吃麵包。精確的說，應是我很喜歡吃好的麵包。

記得小時候，每天清晨，巷口麵包店便會傳來誘人的麵包香，那是一種振奮人心的香氣，是我寒冷冬季清晨早起的動力。

眾多的麵包種類裡，我最愛包著葡萄奶酥內餡的橢圓炸彈麵包，外表裹著一層金黃焦香酥皮，吃起來很有層次感；一盤盤不同內餡與造型的麵包陸續會從屋內小門端出，有圓錐體裡擠進奶油餡的奶油麵包、有奶油餡夾心再撒上花生粉的花生夾心麵包，也有蔥花加上剖半熱狗的鹹口味。當時對店裡面的麵包廚房充滿好奇與景仰，常常會趁老板娘幫我將麵包裝袋時，藉機近距離向小門內探看，並悄悄在心裡許下一個願望，希望有一天自己也能變出如此美味。

高中在台北念書，那時候在永康街口開了一家新式的聖瑪莉麵包店，從店面沿著轉角一直到廚房的位置，全是視線穿透的落地玻璃設計，窗明几淨的麵包工作室完全顛覆了小時候巷口小店的陰暗神祕印象。

週六中午放學後，我常會特意在永康街口下車，站在透明廚房前，隔著玻璃窗出神地看著麵包師父很有韻律地切割、塑型、入烤箱、出爐、擠裝飾奶油，一長條淡黃色奶油在法棍麵包表面迅速化

開，從麵糰變成令人垂涎的法棍麵包，這看得見的美味等待深深植入了心裡。

## 成為站在清透落地玻璃屋裡的麵包師，
## 是青澀的青春歲月裡最嚮往的職業

對麵包的著迷慢慢變成一個嗜好，在陌生的城市裡，我常會嗅出哪裡會有好麵包，或應該說是相對好的麵包。

櫥窗裡擺著的各式產品，最先入眼的是單純的吐司，切成一半販售的吐司最能看出麵包師功力，站姿要方正挺拔，外表金黃，四角圓弧沒有銳角，切面平滑且帶有光澤、不掉屑。能夠做出這樣成品的麵

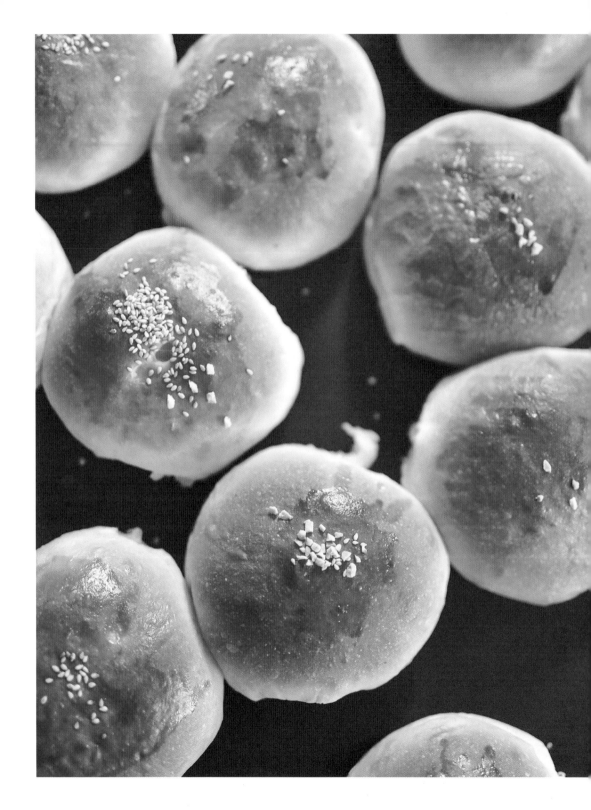

包師，肯定其他種類的麵糰也會有相同水準，隨意選購都不容易失望。

從最早先仰賴都會裡的好麵包，慢慢味覺被訓練得敏銳起來，直到搬離城區，上下城往返不易，才開始自己烘焙好麵包。好的麵包必須用心去烘焙，慎選高品質的原料，過程雖然耗時，但當麵包美妙的香氣從烤箱散發出來時，所有的辛勤等待都是值得的投資。

我想，這樣的食育種子應該埋在小小孩的手作麵包課裡。

「這個麵包好香喔！」

幾個三歲小小孩趴在桌上，幾乎貼著剛出爐的吐司，用力的聞著，樣子陶醉極了。

「這是我們今天要做的麵包嗎？」

小小孩好想知道答案，這誘人的香氣勾起了他們的興趣。

「把所有東西放在一起攪拌，讓麵糰睡一覺，然後分成小圓球，整理一下，放進烤模，再睡一次，等麵糰長大就可以烤了。」

我把製作流程用孩子可以理解的語言說明一遍。

「那很簡單呀！攪拌我已經學會了。」

三歲女孩很有自信的說，對於攪拌麵糰信心十足。

麵包香引起小小孩學習的興趣，很有自信地認為凡事都可以做得很好，在麵包香氣裡開始了三歲烘焙進階課程。

▶賦予孩子適當任務

　　給三歲孩子的麵包課從開心當成起點，大人秤量好材料，留下雞蛋讓孩子打開，三歲女孩小心仔細的完成任務，所有材料只要捯入攪拌缸，初步混合之後按下啟動就可以了。

Tip　在攪動的過程中準備奶油小丁，滑滑的奶油很不容易固定，需要大人幫一下忙。

### ▶認識麵糰薄膜

拉起攪拌完成的麵糰一角,可以拉成一張薄膜。「薄膜是做什麼用呢?」小女孩不解的問。「它可以把氣包在麵糰裡,麵包就會變得很鬆軟。」我說。孩子開心地拍拍麵糰,期待它快快長大。

### ▶滾圓胖胖的小麵糰

發酵完成的麵糰多了好聞的香氣,大人幫忙切割分成小糰,小小孩練習把胖胖的麵糰滾圓,覆上塑膠保鮮膜,讓麵糰再休息一次。

### ▸練習滾動擀麵棍和推捲

拍平麵糰,擀成長橢圓形,三歲孩子還不太會掌握滾動擀麵棍力道,輕推著孩子的手背輔助擀麵棍向前,再讓孩子練習一次。把麵糰推捲向前時需要大人幫忙捲起前端。只要練習幾次,孩子的擀捲動作就會越來越純熟,全部完成擀捲兩次後,就放入吐司烤模,讓它慢慢長大。

孩子可以順利完成的部分不同，大人
在他們需要幫助時再介入。

### ▶ 徒手拌麵糰好好玩

把手洗乾淨，第二個麵糰讓孩子試試徒
手操作。把液體材料都放進大缽裡，再
倒入酵母粉混合均勻，加入高筋麵粉，
用攪拌刮刀慢慢攪拌，麵粉變成麵糰後
就讓孩子用手混合，感受一下濕黏的麵
糰，當麵粉裡的蛋白質徹底吸收水分，
就會變成光滑的麵糰。

### ▸折疊揉合奶油與麵糰

把麵糰移到小孩的工作台，加入奶油丁的動作可以讓孩子操作，把奶油丁
包入拍平的麵糰開始搓揉。三歲小孩手的力道小，可以用折疊的概念，把
奶油和麵糰慢慢融合在一起，直到看不見奶油丁，再分成四份，讓小小孩
自己揉出筋性，麵糰變小，孩子就容易駕馭了。

加了奶油的麵糰較不黏手，
可以盡情的搓揉、拋甩，
小小孩非常喜歡這個工作。
在揉推麵糰的過程裡，手
指與手掌分工合作，很快
的麵糰就可以拉出薄膜，
小小孩說：「我們有機器
手，也可以做得很好。」

▸ **中場的試吃時間**

攪拌缸裡傳來陣陣奶酥餡的香味，小小孩露出想品嘗的渴望眼神，試吃看看是製作麵包時的中場休息，小孩的嘴裡溢滿椰子香，心裡充滿了期待。

▸ **把奶酥包入麵皮裡**

小小孩輕輕拍平麵糰後，放入奶酥球，再放上葡萄乾；先拉起兩個對角，將兩角捏合，再拉起另兩個對角捏在一起，確定奶酥餡都包在麵皮裡。

> **Tip** 捏合封口，再把封口朝下，小小孩雙手托起麵糰貼著桌面，輕輕地把
> 麵糰向內收起，將不平整的面都收在麵糰底下。

### ▶ 幫小奶酥加料妝點

小奶酥麵糰排入烤盤，刷上蛋液後，撒上芝麻或杏仁角。小小孩做起來得心應
手，三歲女孩輕輕撒上芝麻，為麵糰巧心妝點；三歲的男孩豪邁地大把散落，
希望吃到更多的芝麻香。

雞蛋牛奶吐司

奶酥葡萄乾小餐包

# 雞蛋牛奶吐司

Egg-Milk Toast

分量：2 條吐司（＋8 個小餐包）

| | 材料 | 重量 (克) | | 烘焙百分比 (%) | |
|---|---|---|---|---|---|
| **麵糰**<br>[作法 1-3] | 高筋麵粉 | 810 | | 100 | |
| | 海鹽 | 10 | | 1.2 | |
| | 砂糖 | 113 | | 14 | |
| | 蛋 | 162 | 1628 | 20 | 201 |
| | 酵母粉 | 15 | | 1.8 | |
| | 鮮奶 | 405 | | 50 | |
| | 奶油 | 113 | | 14 | |

[作法]

1. 將奶油以外所有材料倒入攪拌缸，慢速攪拌 4 分鐘後，轉中速攪拌 4 分鐘。

2. 奶油切小丁加入，先慢速攪拌 3 分鐘，再轉中速攪拌 3 分鐘。（拉起麵糰一角檢視，可拉出薄膜就差不多了）

3. 取出麵糰，分成大小兩糰（520 克 +1040 克，多出的 68 克是預備沾黏耗損），覆上塑膠保鮮膜，室溫 28℃基礎發酵 60 分鐘。

   **【製作吐司 | 烤箱預熱：上火 160℃，下火 230℃】**

4. 將 1040 克吐司麵糰分切成 4 個 260 克麵糰（如有多餘麵糰再均分加入分切的麵糰中），滾圓後覆上塑膠保鮮膜，室溫 28℃中間發酵 20 分鐘。

5. 取一 260 克麵糰收口朝上，輕輕拍平，擀成長橢圓形，捲起呈圓柱體。捲好 4 個麵糰後，覆上塑膠保鮮膜鬆弛 5 分鐘。

6. 再將每個圓柱體麵糰收口朝上，輕輕拍平，擀成長形，同樣捲成圓柱體。然後一個吐司烤模放兩個圓柱體麵糰，覆上塑膠保鮮膜，室溫 35℃最後發酵 60 分鐘（九分滿模）。

7. 放入預熱烤箱內烤 30 分鐘。

[ Point ]

❖ 配方裡的奶油要等麵糰成糰後再加入，麵粉和液體充分混合，產生筋性，才能將奶油包覆起來。

❖ 麵糰完成後的基礎發酵溫度盡量維持在 28℃。低於 28℃的話，發酵時間會拉長，高於 30℃會加快發酵速度，且高溫發酵的麵包組織會較粗糙。

❖ 將分切麵糰滾圓，讓麵糰有更光滑緊緻的表面張力，更能包覆酵母產生的氣體，整齊的外型也方便進行塑型。

❖ 輕拍麵糰排氣，打散二氧化碳，讓它更平均地分布於麵糰中，烤好的麵包才不會有大孔洞；同時，可幫助酵母交換二氧化碳與氧氣，讓二次發酵更完全。

# 奶酥葡萄乾小餐包

Butter Crumble Raisin Bun

分量： 8 個小餐包

| | 材料 | 重量（克） | 烘焙百分比（%） |
|---|---|---|---|
| 內餡<br>[作法 1-4] | 糖粉 | 145 | |
| | 奶油 | 270 | |
| | 蛋 | 150 | |
| | 奶粉 | 360 | |
| | 椰子粉 | 100 | |
| | 葡萄乾 | 100 | |

[作法]

1. 糖粉加入奶油打發。

2. 蛋打散，慢慢加入攪拌中的奶油糖霜（必須完全融合才會細緻）。

3. 將奶粉、椰子粉拌入 2.，放入冰箱冷藏 30 分鐘，取出分成 8 個 30 克奶酥球。

4. 葡萄乾泡水軟化，瀝乾備用。

   **【製作小餐包｜烤箱預熱：上火 180℃，下火 180℃】**

5. 將前頁預留 520 克小餐包麵糰分切成 8 個 65 克麵糰（如有多餘麵糰再均分加入分切的麵糰中），滾圓後覆上塑膠保鮮膜，室溫 28℃中間發酵 20 分鐘。

6. 取一 65 克麵糰收口朝上，輕輕拍平，包入 30 克奶酥球，放上少許葡萄乾，收口捏緊朝下滾圓。

7. 完成 8 個奶酥小餐包後，覆上塑膠保鮮膜，室溫 30℃最後發酵 60 分鐘。

8. 放入預熱烤箱內烤 18 分鐘。

[ Point ]

❖ 拌合奶酥餡，重點在緩慢把蛋液加入打發奶油中，完全乳化後才能再放其他材料。

❖ 葡萄乾未經軟化，烘烤後會有苦澀味。如果要快速泡軟，可將葡萄乾過一下熱水再瀝乾使用。

製 作麵包比糕餅更具挑戰性，是需要透過時間來換取美味的。同樣的配方常會因環境溫濕度不同、烤焙溫度時間不同，而產生不同的風味。新手親子麵包師最適合從這個雞蛋牛奶吐司配方開始練習，成品有著絕佳的烤焙彈性，是很有成就感的入門麵包。

### 理解麵糰膨脹的原因

▶ 為麵糰覆上塑膠保鮮膜保持濕度。小小孩分出一小塊麵糰放在量杯裡，當麵糰長高到原來的 1.5 倍，就可以進行下一步驟。

▶ 小量杯裡的麵糰，孩子看得見長高速度。量杯裡的麵糰酵母濃度和大麵糰一樣，當杯內麵糰長高到 1.5 倍，就表示大麵糰也發酵好了。酵母在適當溫度（28~32℃）下就會產生發酵作用，所生成二氧化碳會被包覆在麵筋裡，慢慢把麵糰撐起來。如果要減緩麵糰發酵，就要放在溫度較低的環境。

**能夠完成麵糰分割滾圓，有等分概念**

▶ 麵糰的重量在 65~150 克之間，對小小孩來說最方便操作。小餐包沒有制式大小，還不太會看數字的三歲孩子較適合使用等分概念。

▶ 先預算一下要把麵糰分成幾等分，如果要分成八等分，「先分一半，再分一半，再分一半，變成八塊小麵糰，就是八等分了。」大人先做示範，其餘讓孩子操作。

▶ 小小的手要把小小的麵糰
變成小小的圓球。

# 爲麵包多加一點風味

揉製麵包是我紓壓的一種方式，朋友聽到時驚訝極了，怎麼會有人找一個這麼繁複的事來解除壓力，還樂此不疲？

我仔細的想了想，應該是酵母、麵粉和溫度之間的變化太多樣迷人，手上揉製相同配方的麵糰，隨著季節、溫度的不同，常常在出爐時有著不同的口感與外觀；我甚至覺得連個人喜怒哀樂都會牽動敏感的酵母，這樣不易捉摸的特性像極了家中飼養的貓，看似我們在馴養著的寵物，其實是貓在掌握著我們，服侍牠的需求。酵母也一樣。

居住的山城冬季寒冷，遇上寒流來襲，室內溫度經常是持續低於 10℃，怎麼保持麵糰發酵所需的 28-35℃，經常考驗著我的臨場反應。為了呵護發酵中的麵糰，我曾經把它帶進冬季裡相對溫暖的浴室一起淋浴，記得那次為了不讓蓮蓬頭灑下的水淋

濕麵糰，還先將它層層包裹，做了萬全的準備；還有一次抱著最後發
酵中的吐司烤模，鑽進暖暖的被窩裡，直到聞到發酵的香味才驚醒，
但一切已成雲煙，麵糰發酵滿溢，只能起身收拾殘局。

**冬季裡製作麵包的窘境，一直到有了發酵箱才改善，
但到了酷熱的夏季又是另一種考驗**

夏天麵糰常在高於 30℃的室溫下進行基礎發酵，為了找尋家裡何處可以有相對低溫，我常舉著溫度計到處測量，就像拿著手機四處找尋最佳訊號點一樣，最後想到了一個應對的好辦法——在夏季裡使用低溫發酵分段進行，基礎發酵階段放入冰箱以時間慢慢等待，最後發酵時室溫就提供了剛剛好的環境溫度了。

　　我想很多人和我一樣，對麵包的迷戀一旦開始，就是天長地久的愛戀。有幾次的長途旅行，為了擔心在異地可能遇不到心儀的麵包，出發前準備了一整個登機箱的存糧，等到了有提供冰箱的民宿再冷凍起來慢慢享用。

　　記得有一次，住進瑞士阿爾卑斯山上的設計酒店，當清晨麵包出爐時，總會從廚房飄出香氣喚醒旅客的味蕾，尋味而進，找到了準備

豐盛的早餐，每張桌上都貼心擺上一籃主廚限量的各式麵包，每一種都精緻到位，其中一款外皮酥脆、內裡柔軟的麵包尤其令人驚豔，讓我渴望知道這奇妙的麵包是怎樣的組合。

## 它不像法棍麵包那樣，外皮有嚼勁、有孔洞的麵包體，就是有種似曾相識又全然陌生的違和感

「這麵包怎麼那麼特別，它不像是法棍，也不是軟餐包，外表酥酥的口感，真是好吃極了！」我真心的讚美，被旁邊的美麗主廚聽到了，很熱情地走向我。

「喔！很開心聽到妳的讚美，這是我們酒店特別的配方，我們每天會出好幾爐，員工餐也都供應這種麵包呢！妳想學嗎？我可以給妳配方，等會寫好就拿過來。」美麗主廚大方無私的要和我分享，真是令人受寵若驚呢！

結果這熱情的主廚不但給了我獨家配方，也讓我進入她的廚房參觀，還實際操作了一次麵包製作流程讓我拍照。無功不受祿的我，當然也報以一條千里運到瑞士的自製奶酥葡萄乾吐司，予以回報。

❖

為什麼這麵包吃起來這麼有親切感？回到家中找出饅頭的配方比對，這一比就完全對上了，就是我們的饅頭嘛！飄洋過海後，使用了蒸氣加烤箱，就變成另一種風情了。

### ▸小小孩的小小實驗：集合酵母

把本種材料裡的酵母和水先攪拌，四歲小孩想把室溫發酵 2 小時的中種加進來，讓都是酵母的部分先集合在一起。小小孩想的小小實驗，看看會發生什麼變化？除了奶油塊之外，再把所有的材料都加進來。

### ▶揉合：大麵糰包小奶油丁

在玻璃大缸裡把麵糰壓平，包入奶油小丁，三雙手一起努力不讓奶油跑出麵糰，孩子發現加了鹽巴與奶油的麵糰比較不黏手，多揉一會奶油就不見了。

### ▶分配麵糰：練習數量概念

　　一大糰的三等分各是多少？先把麵糰切成三份，秤秤看是多還是少？量多的麵糰就分一些給量少的，四歲小孩練習數量的概念就從分配麵糰開始。

[拍打]

[按壓]

[折疊]

### ▶出動小小孩的機器手

小孩也有和攪拌機一樣好用的機器手，
先整理不整齊的麵糰，把麵糰拍平再向
內折疊，幾次後麵糰就變得光滑一些。
小小孩很喜歡揉麵糰的工作，用盡全力
拍打、按壓、拋甩、折疊再收成一個漂
亮的麵糰球。

Tip　拉起一角檢查麵糰薄膜，可以拉成一
張薄薄的膜就算完成階段工作了。

▶**幫麵糰球量體溫**

拿起溫度計,測量球體中心溫度,29℃、30℃都沒關係,溫度有一點高就留到下次修正。

 覆上塑膠保鮮膜,讓麵糰自己長大。

### ▶想辦法把芋頭變小塊

芋頭怎麼變成芋泥？硬硬的芋頭聞起來是什麼味道？小孩說：「是一種很好聞的味道，芋泥應該很好吃。」拿起刀子把芋頭切小一點，需要用力才能切下的芋頭對小小孩是個難題，大家輪流切切看，決定試個新方法，雙手用力折也能變成兩半。小孩給的點子有時也會是個好方法，只要達成目的都可試試看。

**Tip** 蒸透的芋頭從硬變軟聞起來更香，拿起工具搗碎，趁熱加入奶油與奶粉，硬的芋頭就變成好吃的美味夾餡。

▶**分分合合的數學遊戲**

發酵好的麵糰要分成二等分，孩子輕拍麵糰，對準一半分割成兩個半圓，
每個半圓再變成一個小圓。麵糰從大變中再變小。三等分後再分二等分，
那是原來的多少？分分合合之間藏著有趣的數學遊戲。

▶**內收，滾圓麵糰**

孩子在滾圓麵糰時需要使用
雙手內側從小指往下的肌
肉，貼著桌面把麵糰向內部
中心收起，多練習幾次，孩
子就可以掌握得很好。

▶ **麵糰包芋泥的技巧**

鬆弛好的麵糰輕拍排氣，壓平，放上一球芋泥，從四邊收起麵糰，捏緊後收口朝下，覆上塑膠保鮮膜讓麵糰休息一下。

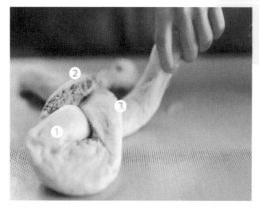

▶ **編織芋泥麵糰**

除了滾圓、擀捲之外，麵糰還可以做出什麼變化？小小孩試著編織芋泥麵糰，切成三長條的麵糰切口斷面露出芋紫色，從右邊開始編成 1、2、3 號，1 放在 2 上，3 再放在 1 上，之後拉起壓在最下面的長條放到上面來，就成麵糰麻花辮，編結之後滾成漂亮的球。

超Q彈吐司

芋泥吐司捲

# 超 Q 彈吐司

Pain Du Min                                                    分量：1 條白吐司（＋ 2 條芋泥吐司捲）

| | 材料 | 重量（克） | 烘焙百分比（%） |
|---|---|---|---|
| 中種<br>[作法 1] | 高筋麵粉 | 630 | 70 |
| | 酵母粉 | 8 | 0.9 |
| | 水 | 378 | 42 |
| 本種<br>[作法 2-4] | 高筋麵粉 | 270 | 30 |
| | 海鹽 | 16 | 1.8 |
| | 砂糖 | 72 | 8 |
| | 酵母粉 | 8 | 0.9 |
| | 奶粉 | 36 | 4 |
| | 水 | 270 | 30 |
| | 奶油 | 90 | 10 |

（海鹽列右側標註：1778；烘焙百分比右側標註：197.6）

[作法]　**1.** 將中種材料混勻成糰，覆上塑膠保鮮膜，室溫發酵 2 小時或冷藏（5℃）隔夜。

**2.** 取出中種分小塊，奶油以外所有材料連同中種麵糰倒入攪拌缸，慢速攪拌 2 分鐘後，轉中速攪拌 3 分鐘。

**3.** 奶油切小丁加入，先慢速攪拌 1 分鐘，再轉中速攪拌 3 分鐘。（拉起麵糰一角檢視是否能拉出薄膜）

**4.** 取出麵糰，分成大小兩糰（520 克 +1040 克，因麵糰製作過程沾黏容器易有耗損，在配方計算時會保留點彈性，另外會再多出 218 克），覆上塑膠保鮮膜，室溫 28℃基礎發酵 60 分鐘。

**【製作吐司｜烤箱預熱：上火 160℃，下火 230℃】**

**5.** 將 520 克吐司麵糰分切成 2 個 260 克麵糰（如有多餘麵糰再均分加入分切的麵糰中），滾圓後覆上塑膠保鮮膜，室溫 28℃中間發酵 20 分鐘。

**6.** 取一 260 克麵糰收口朝上，輕輕拍平，擀成長橢圓形，捲起呈圓柱體。捲好 2 個麵糰後，覆上塑膠保鮮膜鬆弛 5 分鐘。

**7.** 再將圓柱體麵糰收口朝上，輕輕拍平，擀成長形，同樣捲成圓柱體。然後把捲好的 2 個圓柱體麵糰放入吐司烤模，覆上塑膠保鮮膜，室溫 35℃最後發酵 60 分鐘（九分滿模）。

**8.** 放入預熱烤箱內烤 30 分鐘。

# 芋泥吐司捲

Taro Bread Roll

分量：2 條

| | 材料 | 重量（克） | 烘焙百分比（%） |
|---|---|---|---|
| 內餡<br>[作法 1-2] | 芋頭 | 500 | |
| | 砂糖 | 80 | |
| | 奶油 | 30 | |
| | 奶粉 | 20 | |

[作法]

1. 芋頭洗淨，蒸至熟透，趁熱加入砂糖搗成泥狀。

2. 把奶油、奶粉加入芋泥拌勻，分成 4 個 3 公分直徑芋泥球。

   **【製作吐司捲｜烤箱預熱：上火 180℃，下火 230℃】**

3. 將左頁預留 1040 克芋泥吐司麵糰分切成 4 個 260 克麵糰，滾圓後覆上塑膠保鮮膜，室溫 28℃中間發酵 20 分鐘。（如果有多餘麵糰可製作一個小的芋泥捲麵包）

4. 取一 260 克麵糰收口朝上，輕輕拍平，包入芋泥球，收口捏緊朝下滾圓。完成 4 個芋泥麵糰後，覆上塑膠保鮮膜鬆弛 5 分鐘。

5. 再將芋泥麵糰收口朝上，輕輕拍平，擀成長橢圓形，用刮板切成三等分（一端不切斷），以三綹麵糰打成麻花辮狀後捲起，不切斷的一端當底放入吐司烤模，覆上塑膠保鮮膜，室溫 30℃發酵 60 分鐘（九分滿模）。

6. 放入預熱烤箱內烤 30 分鐘。

[ **Point** ]

✤ 中種法製作的吐司有較好的保濕度，室溫放置三天都還能有很好的口感。此外，中種法很適合用在分段製作吐司，前一晚先預備好中種麵糰放入冰箱低溫發酵，讓長時間形成更好的風味，在 12 小時內使用都沒問題。放超過 12 小時會影響成品的烤焙彈性。

✤ 所有的吐司配方都可以自己改成中種法配方，按照烘焙比例把製作中種所需的高筋麵粉、水、酵母粉量分出起種，後續再按原配方操作即可。

✤ 製作芋泥餡時，芋頭要確實蒸透，用竹籤插入測試，可輕易穿透才方便後續壓泥。

✤ 初壓的芋泥看起來不夠濕潤，只要趁熱加入奶油、奶粉就會變滑潤了。

✤ 麵糰是會發酵長大的，整型時若有過多的造型，在發酵完成後都會脹大看不見，編織、切割包覆、表面剪十字開口等，是發酵麵糰較適合的整型。

✤ 12 兩吐司烤模放的麵糰最佳重量為 520 克，烤出吐司大小適中，±10 克都在可接受範圍。若超出太多，吐司頂部會膨脹過大，外形呈現頭大身體小的蘑菇狀。所以多出的麵糰建議做一個小型芋泥捲。

**麵** 糰發酵時間到底需要多久？這是個多變且有趣的問題，環境裡溫度與濕度的改變是最直接的變項，不同的酵母菌種喜好的最佳溫度都不同，親子一起玩發酵麵糰時可以記錄下這不同的變化。

## 知道溫度與發酵的關係

▶ 酵母菌在適合的溫度範圍就會繁殖。溫度高，繁殖快，麵糰裡的二氧化碳增加快，膨脹速度就快；溫度低，繁殖慢，麵糰裡二氧化碳產生得慢，膨脹速度就變慢。

▶ 第一次發酵需要在 28~30℃的環境；第二次發酵略高一些，約在 35℃左右。小小孩的手溫高，一般來說揉到麵糰產生薄膜大概都加溫到 30℃了，和孩子一起記錄完成的溫度，如果完成麵糰溫度高於 30℃，秤量好的材料就要先冷藏降溫，在後續製程提供溫度的平衡。

## 學會不同的麵糰整型方法

▶ 除了擀捲、滾圓外，編結麵糰
會讓吐司呈現美麗有趣的外
形，麵糰裡要包覆餡料，切成
3長條時切面會露餡，編織後
才能完全表現編結的圖案。

Tip　和孩子一起完成的編織餡料吐司，會不會在烘烤過程中改變餡料顏色
呢？提出一些問題讓孩子可以觀察思考，會讓烘焙工作有更多的樂趣。

# 來自天然的所有

我想，遠古時期的發酵應該是這樣開始的。

在室溫下放了兩天的醃紅肉李發酵了。

那原是為了去除紅肉李的青澀味，在洗淨擦乾的紅肉李上劃幾刀，隨意加了些紅糖與微量的玫瑰鹽而已。放在室內的醃李子來不及吃完，又忘記放進冰箱冷藏，兩天後掀開蓋子，發現表面浮著許多泡沫，皺縮的紅肉李散發出濃濃的果香，把耳朵貼近玻璃缸聽到嘶嘶的氣聲，酵母菌正活力十足的釋放二氧化碳。

**原本覺得可惜了這紅肉李，但念頭一轉，
「這不正是可遇不可求的自製酵母液嗎？」**

幾位小小孩前些日子才在學習製作水果酵母液，從去超市採買水果開始，分辨氣味、清洗果皮、剔下果肉、練習切成小塊狀，然後將不同水果分別裝入消毒過的玻璃瓶，加進糖後再注入乾淨的水。小孩每天早晚各一次搖晃泡著各種水果的玻璃瓶時，總幻想著幾日後可以得到活力十足的水果酵母液，這些天終於冒出發酵的小氣泡了。

有過這酵母液得來不易的經驗，此時看到眼前紅肉李酵母活力旺盛的景象，立刻如獲至寶的邀請小小孩圍過來觀看。

「這是壞掉了嗎？有好多泡泡。」

三歲小男孩露出可惜的表情。

「聞起來香香的，很好聞呢！它是發酵了啦！」

四歲的姐姐有過酵母液製作經驗，很肯定的說醃李子沒壞，應該是變成別的產品了。

「那我們來試試看，這變出泡泡的水會不會讓麵糰長大。」

我一邊說著，一邊順手拿了一個透明塑膠袋，罩在瓶口，在接合處套上橡皮圈壓出空氣。

「為什麼要把袋子壓扁呢？」

四歲姐姐看我這麼做，不解的問。

「我們吹氣球的時候，在扁扁的氣球裡面吹進空氣，是不是氣球會慢慢長大呢？如果一會兒我們再過來看，這瓶子上的扁袋子變大了，那就是瓶子裡的果汁水有氣跑出來。」

我嘗試利用孩子的舊經驗來說明新的現象，再讓孩子眼見為憑。

「就像我們吹氣把氣球變大了，會跑出氣的果汁水也會讓麵糰長大。」

我拉起小男孩的手吹了一下，看他眼睛閃亮亮的，好像懂了一些。

## 會長大的麵糰對孩子來說是很神奇的，
## 肉眼看不見的酵母菌在麵糰裡到底發生了什麼事？

該怎麼說一個讓孩子可以理解的故事？「充氣的概念」便是最好的說明。

「我知道了，酵母菌把水果裡的糖當成食物吃下去，然後食物就變成氣跑出來，跑出來的氣會把袋子變大。」

四歲的姐姐連結起之前的經驗，很有邏輯的解釋給弟弟聽。

「如果它在麵糰裡就會讓麵糰長大，它會再生出許多酵母菌，會要吃很多東西，所以我們每天都要餵它吃點麵粉和水。」

四歲的孩子在前些日子做過麵包，有過麵糰發酵經驗，熱心地總結前因後果，努力想讓大家都聽懂。

小孩經驗過的事情述說起來栩栩如生，讓人彷彿看到飢餓的酵母菌正在享用著麵粉大餐呢！

# 1 水果酵母液

　　最早的麵包線索出現在古埃及壁畫，或許是剛剛好的酵母孢子掉落在攪好的麵糊上，遇上了剛剛好的溫度，麵糊就發酵長高了，倒在被太陽曬得滾燙的石板上，烤出了香香的麵包。

　　如果發酵是隨機的自然現象，我想帶著小小孩去尋找散落在空氣中的酵母；如果發酵是一連串的剛剛好，我想帶著小小孩去體會那自然界的巧妙安排。剛剛好的酵母孢子＋剛剛好的水果香＋剛剛好的溫度，小小孩的酵母液剛剛好要開始。

　　怎麼來的？為什麼會這樣？要怎麼做？

　　小小孩心裡的疑問，要從源頭開始發現。

## 簡易水果酵母液製作

1. 玻璃容器（500ml）洗淨，放入沸水中煮沸 3 分鐘消毒，取出放涼後自然風乾。
2. 任一帶皮水果洗淨，瀝乾水分，切小塊（邊長約 2 公分），所需用量為填滿 1/2 容器即可。
3. 將材料放進以沸水消毒、風乾過的容器裡，加入 15 克砂糖，再注入乾淨的水至九分滿，旋緊瓶蓋，充分搖晃。在室溫 25℃陰涼處放置 7 天左右，每天充分搖晃一次。
4. 3~5 天（視環境氣溫而不同）後，看到開始聚集氣泡了，就要每天打開瓶蓋一次，讓氣體可以釋出。
5. 再過 2 天，液體開始呈現混濁感，產生更多氣泡，打開瓶蓋會發出氣碰聲，並聞到淡淡的水果香，就表示發酵完成了。
6. 濾出水果酵母液，放入冰箱冷藏。

# 2 酵種

　　把麵粉加進發酵水果液裡，小小孩給了酵母新的養分，變成發酵種。不會游泳的酵母，需要攪拌，幫助在酵種內移動；吃光了食物，吐出了二氧化碳，酵種就長大了。

每天餵養的酵種是會長大的寵物，給它剛剛好的食物＋剛剛好的溫度，酵種發酵力就會越來越強壯。加入麵糰一起攪拌，一顆水果做的麵包，有著迷人的淡淡水果香。

## 酵種製作

▶ 所需材料：高筋麵粉 100 克、水果酵母液 80 克、乾淨容器（1.5L）

· **Day 1**

將高筋麵粉 100 克和水果酵母液全部放入容器內，攪拌至無粉粒，室溫下放置 1 小時，再移入冰箱冷藏。

· **Day 2**

從冰箱取出酵種，餵養高筋麵粉 80 克、水 64 克，混合至沒有粉粒，蓋上容器，放置於室溫 30℃ 的地方，等麵糰脹到兩倍大再移至冰箱。

· **Day 3-5**

重複第二天相同步驟，第六天即可使用，開始製作麵包。

──────────────── [ Notes ] ────────────────

❖ 水果的品質、甜度、室內溫度、容器是否帶有雜菌都會影響發酵，如果發出異味或腐敗即表示失敗了。失敗沒關係，再接再厲，不要氣餒，試著和小孩討論是什麼地方出問題，改進後再試一次。

❖ 水果起種和穀物起種最大差異在於：穀物起種培養 5~7 天即可直接做為老麵使用；水果起種需要先把帶皮水果培養在液體中，5~7 天後發酵完成才能收液，混合酵母液和麵粉，再培養出液種（50 克麵粉＋50 克水果酵母液，第二天起將水果酵母液改成水，以同比例餵養），或直接培養成便於使用烘焙百分比 80% 的酵種（50 克麵粉＋40 克水果酵母液，第二天起將水果酵母液改成水，以同比例餵養），方便攪拌與使用，加入任何麵包配方 20% 的烘焙百分比量，都不太需要修正原有麵粉比例，酵種裡相對多元的菌種會帶出麵糰不同層次的多元風味。

❖ 剛起的酵種要連續餵養三天以上，每 12 小時或 24 小時餵養一次，酵母才會有夠強而穩定的發酵力。24 小時餵養一次的酵種，嘗起來比 12 小時餵養一次的酸；每天餵食的酵種，體積會有驚人的成長，想控制酵種的成長速度或室溫超過 25℃，可以放入冰箱，藉低溫減緩酵母菌的分裂生殖。每天持續餵養麵粉和水，能讓酵母始終保持活力，當酵種長大的速度超過製作麵包時使用分量，或不喜歡味道太酸，可以在下次餵養時丟棄一半，或者分送他人。當然，也可以加快使用率，或是在酵種起始時從小分量開始。

❖ 如果發現酵種 4 小時後還未達到兩倍高的體積，表示活力可能變弱了，這時可加入一些糖（用量約高筋麵粉的 5%），用力攪拌，讓酵母菌恢復活力。

### ▶ 認識顏色，體驗刺刺的感覺

從超市選擇製作發酵水果開始，小小孩
觀察果皮外觀，分辨水果天然氣味。不
同的水果有著不同質地的外衣，有些滑
滑的，有些有絨毛，有些摸起來會刺手，
小孩很想試試刺刺的感覺，大人提供方
法，讓小孩戴上工作手套後達成心願。

Tip

> 超市是小小孩認識顏色
> 的好地方，有不同的黃、
> 綠、紅、紫，不同顏色
> 有不同的營養。這一天，
> 小小孩合力提了一整籃
> 的美麗顏色回家。

### ▶清潔工作要擺第一

製作酵母液前，先做好清潔工作。玻璃容器以沸水消毒後倒扣風乾，將工作台面擦拭乾淨，最後再把手認真的洗一次，去除手上雜菌，然後才開始酵母液的製程。

抹布洗淨擰乾，要疊整齊對折。四歲的姐姐是好老師，示範如何正確擦桌子，抹布用過一面，再翻面又是乾淨的開始，每個地方都要擦，連角落都要仔細清潔。

▸ **皮和肉，用什麼發酵**

香甜的荔枝去除果皮後，把果肉剔下來，準備製作荔枝酵母液。小小孩忍不住一口接一口吃了起來，還有小孩想把好吃的荔枝種在家裡，留下了種子帶回家。

**Tip**　在製作水果酵母液時，大部分都是連果皮一起發酵，請小小孩幫忙洗淨水果，是他們很喜歡的工作項目。

 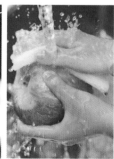

和孩子一起研究，只需要果皮，還是連同果肉
一起製作酵母液，也是有趣的討論過程。不需
果肉發酵的奇異果就請孩子們把它吃下肚吧！

### ▸水要加到九分滿

　　「加入 15 克砂糖，把水注入玻璃瓶，至容器九分滿。」這個概念對孩子來説太抽象了，大人可以協助把橡皮筋圈在需要的高度，等水位和橡皮圈一樣高時，就是九分滿了。

再用乾淨的長柄湯匙攪拌，蓋上瓶蓋，用力搖晃幾次就可以了。

Tip　5~7 天後，水果酵母液就有足夠的發酵力和麵粉一起製作酵種，可以開始製配純天然的發酵麵包了。

### ▶用意外版酵母液起種

選擇發酵力旺盛的酵母液來起種，小孩挑了意外收穫的紅肉李酵母液，決定試試它的活力，100 克高筋麵粉對上 80 克的酵母液，攪拌後讓孩子觀察麵糰長高的速度。

三歲小孩上午起的酵種，經過 4 小時已經長成兩倍高了，從側面看，出現許多漂亮的孔洞，顏色變淺。四歲孩子下午也起了一糰，剛攪拌完成的成糰酵種是深紫紅色的，側面沒有孔洞，與 25℃發酵 4 小時的酵種外觀明顯不同。時間，是發酵作用所必需的，小小孩要耐心等待。

### ▶用畫筆記錄過程

水果酵母液怎麼做成的？四歲小小孩用畫筆記錄下來，切水果→攪拌→搖一搖→等待。當看到冒出許多小小氣泡，聞到香香的味道時，小女孩說再經過一次次的餵養就可以開始做麵包了。

桂圓核桃麵包

巧克力豆豆麵包

# 巧克力豆豆麵包

Chocolate Bean bread

分量：6 個

| | 材料 | 重量（克） | | 烘焙百分比（%） |
|---|---|---|---|---|
| **硬種**<br>[作法 1] | 高筋麵粉 | 50 | | 100 |
| | 水 | 25 | 115 | 50 |
| | 硬種 | 40 | | 80 |
| **主麵糰**<br>[作法 2-3] | 高筋麵粉 | 600 | | 100 |
| | 水 | 390 | | 65 |
| | 蜂蜜 | 108 | | 18 |
| | 鹽 | 14 | | 2.3 |
| | 酵母粉（低糖） | 3 | 1386 | 0.5 |
| | 可可粉 | 36 | | 6 |
| | 硬種 | 115 | | 19 |
| | 巧克力豆 | 120 | | 20 |

[作法]

1. 將硬種材料混合至無粉粒，成糰，不須揉出筋性。室溫 21℃ 發酵 12 小時。

2. 加入主麵糰材料（除巧克力豆）混合至無粉粒，用攪拌機打至拉起麵糰可延展的程度，將巧克力麵糰分成大小兩糰（約 2/3 與 1/3）。

3. 再把巧克力豆加入大麵糰，做成巧克力豆麵糰，與另一份巧克力麵糰各自收成糰，放入 26℃ 發酵環境，基礎發酵 120 分鐘。

4. 分割巧克力麵糰與巧克力豆麵糰，各 6 等分。每個巧克力麵糰約 77 克、巧克力豆麵糰約 154 克，收圓後覆上塑膠保鮮膜，中間發酵 30 分鐘。

5. 取巧克力麵糰拍平，呈長型，放上巧克力豆麵糰，從巧克力麵糰兩端拉起，包覆巧克力豆麵糰，覆上塑膠保鮮膜，放入 27℃ 發酵環境，最後發酵 90 分鐘。

【烤箱預熱：200℃】

6. 在麵糰上灑少許高筋麵粉，用鋒利的刀在表面劃兩刀，入烤箱烤約 25 分鐘。

[ **Point** ]

✧ 配方中的「硬種」，是指將含水量 80% 的酵種轉換成水分含量只有 50%，在製備前一天取好需要的酵種量，餵養時水分只要加入高筋麵粉 50% 的量就可以了，這時的麵糰因水分變少，需要用些力才能攪動。

✧ 此配方有加入 0.5% 的微量商業酵母，如果自己養的酵種活力穩定，也可以 不用加。

✧ 把巧克力麵糰當成麵皮，包入加了巧克力豆的麵糰，是為了避免豆豆掉落烤盤會烤焦變苦，這個方法可以應用在所有加入果乾或堅果的歐包麵糰。

✧ 把硬種拆成小塊，加入配方裡的液體和蜂蜜，先把酵種打散。攪散的動作，和將酵種液倒入攪拌缸的過程，都可以讓小小孩自行操作。

# 桂圓核桃麵包

Longan Walnut Bread

分量：6 個

| | 材料 | 重量（克） | 烘焙百分比（%） |
|---|---|---|---|
| **硬種**<br>[作法 1] | 高筋麵粉 | 50 | 100 |
| | 水 | 25 | 50 |
| | 硬種 | 40 | 80 |
| | | 115 | |
| **主麵糰**<br>[作法 2-3] | 高筋麵粉 | 600 | 100 |
| | 水 | 390 | 65 |
| | 蜂蜜 | 108 | 18 |
| | 鹽 | 14 | 2.3 |
| | 酵母粉（低糖） | 3 | 0.5 |
| | 硬種 | 115 | 19 |
| | 桂圓乾<br>* 事前泡水回軟後瀝乾 | 120 | 20 |
| | 核桃仁 | 50 | 10 |
| | | 1460 | |

[作法]

1. 將硬種材料混合至無粉粒，成糰，不須揉出筋性。室溫 21℃發酵 12 小時。

2. 加入主麵糰所有材料，混合至無粉粒，用攪拌機打至拉起麵糰可延展的程度，收成糰，放入 26℃發酵環境，基礎發酵 120 分鐘。

3. 分割麵糰成 6 等分，每個麵糰約 240 克，收圓後覆上塑膠保鮮膜，中間發酵 30 鐘。

4. 取麵糰拍平，呈長型，三折後收口，覆上塑膠保鮮膜，放入 27℃發酵環境，最後發酵 90 分鐘。

**【烤箱預熱：200℃】**

5. 在麵糰上灑少許高筋麵粉，用鋒利的刀在表面劃兩刀，入烤箱烤約 25 分鐘。

[ Point ]

✤ 這個桂圓核桃麵包是巧克力麵包的變化款，拿掉可可粉，加入桂圓乾與核桃粒，就成了另一種美妙滋味。

✤ 桂圓乾必須恢復柔軟才能使用。使用前先泡冷水 2 小時，確認每個桂圓乾都恢復彈性，再瀝乾水分加入麵糰。

✤ 最後發酵時間為一參考值，每家環境溫度不同，應以最後發酵的麵糰實際發酵狀況為準，當麵糰長到開始最後發酵時的 1.5 倍，就可移入預熱 200℃的烤箱。

培養水果酵母液，每天都要花一點點時間去關心酵母的狀況，它就像是體積迷你的小寵物。

## 培養時間概念

▶ 培養穩定活力的天然酵母是需要長時間等待的。從採買水果開始，到酵母液發酵完成，需要 5~7 天的時間。小小孩深度參與了整個過程，每天早晚搖晃瓶子時，聞一下自己的酵母，也觀察它的變化。

▶ 早晚是相隔了多久，是一個早餐到一個晚餐，是一天的一半，是12 個小時，是每天小小孩的小小期待。

▶ 酵母在發酵過程中產生二氧化碳把麵糰撐大，這樣的概念可以和吹氣球的具體影像結合在一起。將正在發酵的水果酵母液瓶口套上塑膠袋，壓出空氣，紮緊瓶口，一小時後二氧化碳就會充滿塑膠袋，把塑膠袋撐得鼓鼓的。這樣的具體圖像可以幫助孩子理解發酵作用。

## 知道如何使用酵母液製作酵種

▶ 在每一次餵養酵母的時間，和小小
　孩分享討論製作的心得。參與培養
　酵母的小小孩在嘗試說出完整的流
　程時，它就已深深存在小孩的腦海
　裡，看不見的酵母在看得見的麵糰
　裡發酵，變成令人期待的美味。

# Part 3

# 野　地
## 烘　焙　趣

小小孩一起參與露營野餐派對籌
劃，分組分工，利用有限的資源，
創造營地裡的美麗桌景，將學習
而來的能力帶著走，一把火，一
只鍋，在野地裡烘焙自然美味。

# 烘焙無疆界

　　廣義的來說，離開舒適方便的廚房所做料理都可算是野炊吧！用有限的資源完成美味，配上藍天綠地、如茵綠草，像是大人版的家家酒。

　　我的野炊露營初體驗是在中學時期，代表學校參加全國學藝競賽，在三天兩夜的活動裡，除了搭設帳篷、搭製竹桌竹椅、生火埋鍋造飯的團結合作是評分重點，製備三餐、縫製女紅、繪畫寫生、實驗研究、學科筆試、體能競技等也都是競賽項目，十足的現代花木蘭訓練。五個十多歲的小女生，48小時內要完成這麼多的事，非得要團結合作，在狀況發生時完全開啟臨機應變模式，盡快想出替代方案才能夠達成任務。那是一次最有壓力的野炊，但也增加了不少野外生存的能力。

　　長大之後，我的好朋友非常喜歡在森林野地裡隨遇而安的烹煮，她的車裡總會有許多求生裝備，包括戶外炊煮的設備，比如說登山瓦斯、快速爐嘴、打火鎂片、能砍樹枝的斧頭等，跟著一起出遊總有一種可以報名參加求生節目選秀的感覺。有一次開車到花東旅行，轟轟的浪聲吸引了我們，決定在太平洋岸邊就地取材野餐，我的好朋友在海邊撿拾枯枝，堆石頭架鍋具，只用一張衛生紙、一根火柴就點燃熊熊烈火，滾起一鍋水煮了麵、煎了香腸，把地瓜和雞蛋埋進火烤過熱熱的沙裡，當麵煮好、香腸煎得焦香時，地瓜與雞蛋也剛好可口極了。

之後的旅行，這一套炊具也會同時收進行李裡，曾經在希臘愛琴海邊煎了黑胡椒五花肉，配上麵包生菜夾成三明治，也曾在義大利瑞吉歐艾蜜莉小鎮公園煮過義大利麵，更不用說數不清興之所至在自家後院堆疊火箭爐烤的肋排了。這些年訓練下來，我的野炊技能也越來越純熟，隨時可因地制宜變出一道道佳餚。

## 如果能夠有一只好鍋具，再搭配合宜的調味，
## 在野外變出烘焙點心就不是難事

我訪問了朋友關於露營野炊的經驗：

「我從來都不覺得大費周章把食材搬到溪邊，然後費力的用打火機和報紙把枯枝生起火苗，再努力將石頭疊成可以架鍋子的爐台，有什麼樂趣可言？往往這個階段告一段落就累壞了，更不用說之後只有鹽巴調味的菜。」朋友搖著頭說，

「所以說，妳的工具裝備不夠好，食材調味不多元，妳事前沒有做功課，準備不周全啦！」我沒有愛心一股腦兒的數落可憐的朋友。

「妳說的也是事實，我從來都不知道食材可以在家先調理，選擇快速方便的登山露營瓦斯爐，也不知道帳篷裡可以再鋪一層充氣睡墊，還記得裹著睡袋睡在石頭地上，怎麼移位都覺得身上卡到小石子，真是輾轉難眠。」朋友懊惱著太晚認識我們，錯失了很多親子露營的美好回憶。

## 把孩子參與的時間拉長，從出發前的配料開始，
## 規劃準備方便操作的烘焙料理包，就是一個有意思的學習

　　工欲善其身，必先利其器。如果一切都變成便利些，露營是沒有瑣事干擾的親子時光；如果一切都變得美味些，有天有地的廚房裡有最好的飲食教育；如果一切變得有趣些，炊事帳裡也許正孕育著未來美食生活家呢！

　　「酵母粉要加進秤好的麵粉裡嗎？」

　　四歲的女孩正在幫忙準備材料，要在營地裡學包水煎包。

　　「酵母粉要分開放，我們開始揉拌麵糰前，要先把酵母溶在水裡，再把酵母水加進麵粉裡攪拌。」

　　我拿著白色單柄碗放在秤上，接著說：

　　「水也要知道要加多少，我們先試試140克的水面是到碗的哪裡。」

　　小孩幫忙把水倒入秤上的碗裡。

　　「是快要滿了吧，有一個1，一個4，一個0。」

　　四歲男孩幫著看數字的變化。超過二位數的數值對小小孩來說是還不能建構的概念，先讓孩子練習對應數字有容量大小的經驗值後，等認知發展到了，自然就可以理解。

　　孩子在準備的過程裡，親子已經預習了製備的步驟，大手小手開始和麵、備餡、擀皮，在野地的餐桌上也可以有多元的食物樣貌。

### ▶混合製備的材料

小女生合力準備拌合麵皮，倒出在家準備好的材料，事先量好的所需水量剛剛好是白色單柄碗九分滿，輕鬆地把材料倒入鑄鐵鍋，再一起用力攪拌均勻。

**Tip**

水分含量 56% 的麵糰攪拌起來要費點力氣，對孩子來說是個挑戰，小小孩自己會協調，或輪流，或合作，然後將麵糰覆上塑膠保鮮膜，用時間等來美味。

### ▶清理桌面整潔

操作完成的桌面散了一些麵粉與小糰塊，提醒孩子清理桌面，讓營地的桌面隨時保持整潔，小小的隨手習慣要從小養成。

### ▶階段性觀察炒拌配料

炒香前的蝦皮是什麼味道？炒香完成的蝦皮是什麼樣貌？小小孩在準備配料的前中後觀察，味道有改變嗎？顏色有改變嗎？香氣有改變嗎？小小孩聞聞看也想要吃吃看。

「鍋子會燙，我想請姐姐幫忙把炒香的小蝦放到菜上面。」三歲小女孩請求的說。四歲的姐姐接下這個工作，練習把蝦皮平移到高麗菜上。

**Tip** 使用鏟子和湯杓把小蝦移入玻璃盆需要專注力，要以雙手合力維持鏟子與湯杓的平衡，上下不一致時小蝦就會落在桌上。

### ▶用手指檢視發酵麵糰

發酵完成的麵糰是什麼樣子？用手指戳戳看，戳下去小洞不會回彈，就可以擀平壓實，包入高麗菜餡。

### ▶重拾舊經驗：擀皮包餡封口

大人先示範，小小麵皮包入滿滿的櫻花蝦高麗菜餡，再把麵皮收口捏緊。孩子很想自己獨力完成，自己擀成小圓片，把麵皮攤在桌上，餡料放在中間，像之前的奶酥麵包一樣，把所有菜餡都包在裡面。孩子重拾舊經驗快速達成任務。

▶**開中火煎包子嚕**

把水煎包排入平底鍋，加入油，注入一半的水，
撒上芝麻，加蓋中火燜煮。中火是什麼？小女
孩蹲下來看，看過就會記得了。

### ▸拿派盤當量尺擀麵皮

7吋披薩皮是多大呢?拿一個7吋派盤底當成
量尺,擀成和它一樣大就是7吋了。小小孩
反覆確認大小,差了一點就再擀一次。

▶**平底鍋加蓋烤披薩**
小小姐弟合力將鋪好餡料的披薩移入平
底鍋，蓋上鍋蓋烘烤，等飄出香味就大
概是翻面的時候。

Tip

三歲的弟弟也很想替披薩蓋上鍋
蓋，如果不影響烘烤，再讓孩子
試一次也無妨，即時滿足孩子的
學習慾望，孩子學習就可以越來
越主動。

水煎包

野菜披薩

# 水煎包
Pan-fried Stuffed Bun

分量：15 個

|  | 材料 | 重量（克） | 烘焙百分比（%） |
|---|---|---|---|
| **麵皮**<br>[ 作法 1-3] | 水 | 140 | 56 |
|  | 速溶酵母 | 5 | 2 |
|  | 中筋麵粉 | 250 | 100 |
|  |  | 395 |  |
| **內餡**<br>[ 作法 4-5] | 高麗菜 | 250 |  |
|  | 蝦皮 | 50 |  |
|  | 胡椒鹽 | 少許 |  |
| **其他** | 沙拉油 | (2T) |  |
|  | 花生油 | (3T) |  |

[ 作法 ]
1. 將酵母溶於水裡，倒入中筋麵粉，攪拌至無粉粒後，用雙手和成光滑麵糰。
2. 鬆弛 10 分鐘，再將麵糰用擀麵棍壓光滑，捲成圓柱體。
3. 切成 15 等分，擀成小麵皮。
4. 高麗菜洗淨，瀝乾切絲，放入篩網，上壓重物使高麗菜絲出水。
5. 熱鍋倒入沙拉油，油溫起後放入蝦皮，小火炒香，加胡椒鹽調味，拌入高麗菜絲。
6. 取擀好的麵皮包餡，整齊排入平盤，覆上塑膠保鮮膜靜置 20 分鐘。
7. 排入加了花生油的平底鍋，加水至包子半高處，蓋上鍋蓋，以中火煎熟。

[ **Point** ]

❖ 野外烘焙備料時，所有材料（除水外）均裝袋；酵母粉、麵粉事前秤量裝袋。

❖ 製作水煎包時，建議先混合攪拌麵皮，再利用發酵時間準備高麗菜餡。

❖ 蝦皮先炒過，香氣才會釋出，調味時可放多點鹽，拌入高麗菜絲後，內餡味道才會夠。不在高麗菜內加鹽脫水，是想包入高麗菜原有的水分，這樣完成的水煎包內餡口感較好。

# 野菜披薩
Wild Veggie Pizza

分量：2 個（7 吋）

| | 材料 | 重量（克） | 烘焙百分比（%） |
|---|---|---|---|
| **麵皮**<br>[作法 1-3] | 水 | 150 | 60 |
| | 速溶酵母 | 6 | 2.4 |
| | 鮮奶 | 15 | 6 |
| | 油 | 12 ⎫ | 4.8 |
| | 鹽 | 6 ⎬ 443 | 2.4 |
| | 糖 | 4 | 1.6 |
| | 中筋麵粉 | 250 ⎭ | 100 |
| **餡料**<br>[作法 5] | 乳酪絲 | 250 | |
| | 青椒絲 | （半顆） | |
| | 黃椒絲 | （半顆） | |
| | 紅椒絲 | （半顆） | |
| | 洋蔥絲 | （半顆） | |
| | 番茄片 | （半顆） | |
| | 蘑菇片 | （1/2 杯） | |
| | 羅勒葉 | 適量 | |
| | 鹽 | 適量 | |

[作法] **1.** 將酵母溶於水後，加入鮮奶、油、鹽、糖混合均勻，再倒入中筋麵粉，攪拌至光滑。

**2.** 麵糰覆上塑膠保鮮膜，發酵 40 分鐘，分成 2 等分。

**3.** 取一糰拍平，擀成直徑 21 公分圓型麵皮。

**4.** 準備一張烘焙紙（邊長大於 30 公分），放上擀好的麵皮。

**5.** 依序鋪上乳酪絲、黃青紅椒絲、番茄片、蘑菇片、洋蔥絲、羅勒葉，最後再撒上一層乳酪絲。

**6.** 連同下面的烘焙紙整個提起，移入預熱好的平底鍋，蓋上鍋蓋，小火烘烤約 20 分鐘，待側邊微金黃上色，翻面續烤 10 分鐘。

[ **Point** ]

✣ 水、酵母粉和油以外的所有材料，全部事前秤量裝袋。如果只想製作一個 7 吋披薩
或多做，就把材料等分量增減。

✣ 準備夠大的烘焙紙鋪在披薩下面，移入平底鍋時高於鍋邊，可方便後續提取翻面。

✣ 翻面前以另一張烘焙紙蓋上披薩，然後取一平板或盤子覆上，快速翻轉倒扣，上下
包覆著烘焙紙，再把翻轉過的披薩移入平底鍋，烘烤 10 分鐘至底部金黃上色。

〈翻面的技巧〉

次的露營像是重新打造一個野外的家，給小小孩任務，一起加入打造工作，把複雜的事化整為零，拆成零件慢慢組合完成。

## 增進團體合作能力

▶ 營地裡的小小孩是好幫手，只要大人指令清楚，小小孩可以合力完成許多小小的事。舉凡架立天幕、拉營繩、釘營釘、組帆船桌，小小孩都可以做得很好，小小孩組合小小事，幫了大大的忙。

## 培養臨機應變的能力

▶ 野地裡做烘焙有很多條件限制，怎麼創造一個烘烤環境？小小孩說：「把蓋子蓋起來就好了，就會像烤箱一樣。」我說：「會一樣嗎？我們一起烤個披薩試試看。」

▶ 小小的火慢慢把香味烤出來了，打開一看，「披薩表面沒有金黃色，靠近火的底部顏色很漂亮呢！怎麼辦呢？」請小小孩想辦法。四歲的姐姐說：「把它翻過來再烤一次就好了！」

▶ 小孩相信只要想一想總會有辦法的，解決在工作中遇到的狀況，能力就
　會輸入孩子的應變資料庫裡。

# 野地裡的從容優雅

常會在旅行途中得到新的啟發，不同的生活型態、民族特性、環境條件，孕育出各種有趣的生活美學。在心裡想像多年的畫面，有時是需要實境體悟的，總是在一窺究竟之後才恍然大悟，「哇！原來是這樣」的感覺。

對於阿爾卑斯山、乳酪、冒著炊煙的小木屋，總會和小時候著迷的卡通片連結在一起，片中小女孩常和玩伴奔跑在襯著朵朵白雲的大草坡上，晚餐是厚厚的自製乳酪放在自家烘烤的麵包上，當小女孩大口咬下時，小小的我也同時嚥下羨慕的口水，當時心裡想著：有一天一定要去看看小女孩住的高山小屋。

少女峰的登頂齒軌火車在蜿蜒的山路爬升，一幢幢的小木屋在松樹林裡若隱若現，那樣的迷你尺寸，看起來不像是尋常住家，就這樣散落在半山腰的小土丘上。九月初秋的阿爾卑斯山區，海拔超過1000公尺的格林德瓦（Grindelwald）氣溫接近攝氏零度，冷得舒服。

開著小車前往在登山火車上看到的森林小徑，想一探森林裡的迷你木屋是何用途？這小徑只容單線通行，看到公車遠遠的從對向開過來，就要想辦法在路彎稍寬廣處等候會車。小心翼翼開到路的盡頭，才發現這裡有個乳酪市集！

一幢幢迷你木屋原來是各家村民的乳酪發酵

室，在市集進行當日開放參觀，木屋門梁上掛著大大的牛鈴，小小的攤位除了販售乳酪，還有手工麵包、餅乾等，放在可愛的竹籃裡，看起來可口極了！木屋、牛鈴、長桌、竹籃、乳酪，冷冷的空氣裡有正在燉煮的濃湯，穿著傳統服飾的老板熱情招呼著小攤前試吃的人，山林裡迴盪著一種和諧的美感。

**對美的感受是一種生活的細節薰陶，**
**要在灑掃應對進退裡實現，**
**我帶著小小孩想在營地複製阿爾卑斯山的美好閑靜**

「你們看，在桌子鋪上桌巾是不是會比較美？」
在小孩正在布置的桌前，我拿著桌巾想給一點建議。
「好呀！我們想要試試看，要怎麼鋪呢？是這樣嗎？」
幾個小孩拉起桌巾玩耍了起來，風把桌巾角吹起飛揚，一會兒全笑開了。

「它飛起來了，我要躺在上面，不然要飛走了。」

三歲男孩給了一個躺在桌上的理由，很開心自己想到了好方法。

「我要躲在桌巾底下，不然風要把我吹走了。」

四歲女孩加碼想像，說著說著就鑽進桌子底下。一方桌巾給小小孩帶來了無限的想像遊戲。

「好囉！大家一起把四個邊拉好，從旁邊檢查看看有沒有一樣高，再幫忙把餐桌布置起來。」

讓小小孩玩了一會後，我提醒孩子繼續要完成的事。

「哇！桌子真的變美麗了，等一下我要在這和好朋友一起吃點心！」

三歲女孩兩手端著剛盛出的舒芙蕾鬆餅和法式吐司，滿眼雀躍的期待著。

「有沒有人可以幫忙借些綠色的香草？待會要放在點心盤裡。你們看，金黃色的吐司，淺咖啡色的鬆餅，加上焦糖色的肉桂蘋果，如果可以再有一點綠色點綴就太好了！」

我邊指著點名到的點心顏色，邊說出這麼做的理由。

「然後，再灑上一點白色糖粉裝飾，像這樣輕輕的灑上一點點。」

我先示範了一盤，小孩看著越來越美的點心，很想要自己完成。

「哇！看起來好好吃，我們做得好美。」

三歲女孩真心讚美自己，拉著好朋友一起坐下來，午后的風吹走暑氣，小孩排排坐著，欣賞一桌一起參與的美麗成果，不知哪個孩子起了頭，開心的唱起歌來了。

「我的熱情，好像一把火，燃燒了整個沙漠……」

四歲組的孩子唱起了懷舊歌曲，懵懵模糊不清的字詞，配上認真稚氣的臉，很有趣的畫面。

「怎麼～去擁有一道彩虹，怎麼～去擁抱一夏天的夢，天上的星星笑地上的人……」

三歲組的小小孩也不甘示弱地唱起另一首曲子，營地的點心派對頓時變成了 K 歌大賽會場。開心了，自然而然的就唱起歌來了。

## 小小孩透過生活經驗，啟發對美感的追求和認知，接收了，並體會到了美，自然地開懷高歌

一方桌巾串起了小小孩的歌，一方桌巾萌發了美的感受，一方桌巾結合了天與地！美感無法用各式才藝堆積起來，也不是照教科書按圖索驥就能一蹴可幾，小小孩的美感教育必須貼近生活，帶進大自然裡去感受。

在營地裡的餐桌如何融進環境，餐盤的擺設又該如何融入餐桌，教孩子對美有感覺，用眼睛、用觸覺去感受，「想要變得更好更美」慢慢就會成為一種習慣，一種生活的節奏與態度。

### ▶挑戰手動打發鮮奶油

小小孩拿起打蛋器有新任務,要把鮮奶油打到呈濃稠狀,再加入蛋黃。手動打發鮮奶油要使用鋼線較多的款式,以上臂帶動力量,持續穩定地手腕向內畫圓,對三歲小男孩是個挑戰。

### ▶一邊數數，輪流操作

三歲孩子的數字大小排列還不準確，常會有錯置情況，「60 不是在這裡啦！它在很後面的位置。」男孩非常堅持的說著。手動打發鮮奶油，小小孩數數輪流操作完成。

### ▶大孩子細心指導小小孩

不同年紀的孩子一起工作時，可以交付大孩子指導小小孩的任務，四歲的哥哥很認真地指出三歲女孩還沒攪拌到的地方，孩子細心觀察到的部分有時比大人還要細緻。

## ▶再挑戰打發蛋白

打發一顆蛋白需要快速攪動打蛋器 200 下,三歲的孩子想要試試看,第二次的打發動作比第一次打發鮮奶油更純熟,很快就把蛋白打到起泡泡了(呈微勾狀的濕性發泡)。

### ▶小心專注，平均分配麵糊

把烘焙紙鋪在平底鍋，再放上做
好的紙模，三歲女孩把拌勻的麵
糊平均分配到四個模型裡，舀起
麵糊移動到紙模時要小心專注，
不讓麵糊滴出來。

Tip　也可以再次和孩子討論均
勻的概念。

### ▶把吐司切四等分

厚片吐司切成四等分,「我知道,
是先切一半,再切一半。」四歲女
孩分享了等分意義,在相同的概念
出現時,孩子的脫口而出就是吸收
內化後的理解。

### ▶餵吐司吸滿蛋汁

調製牛奶蛋汁,讓吐司塊吸飽飽,
再輕輕放入平底鍋,用慢慢的火烤
出漂亮的顏色。

### ▶冷鍋開始的肉桂蘋果

用剩餘材料做一道美味的
點心,從冷鍋開始的焦糖
肉桂蘋果,讓小小孩克服
了對熱鍋的恐懼。只要多
一點小心,小小孩也可以
做得很好。

### ▶為點心裝飾美麗

在白色盤子裡放上剛
烤好的舒芙蕾鬆餅,
擺兩塊法式吐司,再
加上一點肉桂蘋果,
如果有些綠色的香草
點綴會不會更美一
些?如果灑上一點細
細的、甜甜的糖粉會
不會更可口一些?

舒芙蕾鬆餅

法式吐司

# 舒芙蕾鬆餅

Souffle Pancake

分量：4 個

| | 材料 | 用量 | 烘焙百分比（%） |
|---|---|---|---|
| 麵糊<br>[ 作法 1-3 ] | 鮮奶油 | 60 克 | 80 |
| | 蛋黃 | 1 個 | |
| | 牛奶 | 30 克 | 40 |
| | 低筋麵粉 | 75 克 | 100 |
| | 泡打粉 | 5 克 | 6.7 |
| | 蛋白 | 1 個 | |
| | 砂糖 | 10 克 | 13.3 |

## 【前置作業：製作 4 個紙模】

[ DIY ]
▼ 準備四張 A4 紙。

▼ A4 紙短邊對折，再對折，一端塞入另一端的折縫裡。

▼ 調整直徑為 10 公分左右，再將烘焙紙襯入紙模內緣，略高於紙模 1 公分。

[ 作法 ]
1. 用手動打蛋器打發鮮奶油至濃稠，加入蛋黃拌勻，再加牛奶混合均勻。

2. 低筋麵粉和泡打粉過篩至無粉粒，倒入 1.，混合至無粉狀。

3. 打發蛋白，先把蛋白打至起泡，倒入砂糖，繼續打到呈微勾狀的濕性發泡，再拌入 2.，至均勻。

4. 取平底鍋中火加熱，放入做好的 4 個紙模，再倒入麵糊至六分滿。

5. 以竹籤劃開麵糊表面氣泡，蓋上鍋蓋，小火烘烤 30 分鐘。

6. 待麵糊表面變乾，插入竹籤未沾黏麵糊，再翻面烘烤 10 分鐘。

7. 擺盤前剝除紙模，將舒芙蕾鬆餅盛盤。

## [ Point ]

❖ 舒芙蕾鬆餅是一款可使用平底鍋烘烤的簡易蛋糕，由於只有單面受熱，整個過程必須小火加蓋，保持烘烤溫度。

❖ 舒芙蕾鬆餅的特色就是要有些許厚度，攪拌麵糊前要先製作紙模。材料可用 A4 紙或錫箔紙，而錫箔紙模側邊受熱效果會更好。

❖ 烘烤時間會依紙模大小與倒入麵糊高度略微增減，可依竹籤插入有無沾黏麵糊做為判斷依據。

# 法式吐司

French Toast

分量：8 塊

| | 材料 | 重量（克） | 烘焙百分比（%） |
|---|---|---|---|
| **牛奶蛋汁**<br>[ 作法 1] | 蛋 | 2 個 | |
| | 牛奶 | 120 克 | |
| **其他** | 厚片吐司 | 2 片 | |
| | 奶油 | 少許 | |

[ 作法 ]　**1.** 蛋打散至略起泡，加入牛奶攪拌均勻。

　　　　　**2.** 每片厚片吐司切成四等分，浸入牛奶蛋汁，約 1 分鐘後翻面。全部麵包體都要吸滿蛋汁。

　　　　　**3.** 中火加熱平底鍋，先在鍋面薄薄抹上一層奶油，再排入吸滿蛋汁的吐司塊，加蓋，以中小火烘烤。

　　　　　**4.** 2 分鐘後檢查吐司底部，烤至金黃即翻面，加蓋烘烤另一面。

　　　　　**5.** 然後掀開鍋蓋，把吐司塊每一面都烤至金黃上色。

**[ Point ]**

❖ 這是作法簡易又好吃的吐司加工料理，一片厚片吐司可吸收約 120 克牛奶蛋汁，即每片吐司需要準備的蛋汁量約 1 個蛋加 60 克牛奶。

❖ 吐司吸滿蛋汁後加蓋烘烤，蛋汁會在吐司組織凝固，烤成金黃色的微焦表面，把蛋汁都鎖在麵包體裡。

❖ 喜歡甜味者可在表面淋上蜂蜜或灑些糖粉。

❖ 若想做成法式吐司三明治，就不需要把吐司切成四等分，可以整片浸入蛋汁，直接烘烤至兩面金黃，再夾入喜歡的餡料。

**小** 小孩在鋪著白色亞麻桌巾的桌面上練習為自己的點心裝飾美
麗。和風徐徐，綠草如茵，孩子抬頭看見剛好飛過的鳥群，舉
起裝滿牛奶的玻璃瓶，想和鳥兒也乾一杯！

**增進生活美感知覺**

▶ 小孩組好的帆船桌鋪上桌
巾會好看一些嗎？鋪上桌
巾是平整的會再好看一些
嗎？在工作中常和小小孩
討論這樣的美感議題，然
後起身動手試試看。

▶ 要有平整的桌巾，在折起收納時要注意什麼呢？對齊四角，拉平底部，用手撫整平順再收起。美感薰陶都在日常細節裡，多一點細心，就會多一點美麗。

## 培養主動服務的精神

▶ 孩子是營地裡的好幫手，和大人一起完成搭設天幕，大大的天幕拉起滿滿的自信。「我還可以幫什麼忙呢？」小小孩抬起頭問著。小小孩可完成的部分就交給他們負責，沒有時間壓力的營地假期，就讓孩子慢慢學會服務。

當烘焙的主角是穿著圍裙的小孩時，
當麵糰遇上肥嫩的小手時，
烘焙時光成就了無限的期待，
這 12 堂的烘焙練習曲落幕了，
謝謝映萱、紹敦、徐堯、牧婕、于平、依珊、映辰，
讓這 12 堂課寫下美好的印記，
一起將這美好揉進你我的生命裡！

———— ◆ ————

*Thank you for visiting Renoir's Lovely Kitchen.*

國家圖書館出版品預行編目資料

小小孩的烘焙練習曲：給2-6歲孩子的生活五育書
／曾雅盈，羅元助著. -- 二版. -- 臺北市：商周
出版：家庭傳媒城邦分公司發行, 2021.09
　面；　公分. -- (商周教育館；11)
ISBN 978-626-7012-91-8 (平裝)

1.親職教育 2.烹飪 3.點心食譜

528.2　　　　　　　　　　110014821

商周教育館 11

# 小小孩的烘焙練習曲（修訂版）：給2-6歲孩子的生活五育書

作　　　　者／曾雅盈、羅元助
攝　　　　影／蘇偉馨、鄭芳蓉、傅百淳、小冰、呂育惠、蘇歆茹、邱于娟、林曉涵
插　　　　畫／吳怡慧
企 畫 選 書／黃靖卉
責 任 編 輯／林淑華、黃靖卉

版　　　　權／黃淑敏、吳亭儀、江欣瑜
行 銷 業 務／周佑潔、黃崇華、張媖茜
總　編　輯／黃靖卉
總　經　理／彭之琬
事業群總經理／黃淑貞
發　行　人／何飛鵬
法 律 顧 問／元禾法律事務所王子文律師
出　　　　版／商周出版
　　　　　　　台北市104民生東路二段141號9樓
　　　　　　　電話：(02) 25007008　傳真：(02)25007759
　　　　　　　E-mail：bwp.service@cite.com.tw
發　　　　行／英屬蓋曼群島商家庭傳媒股份有限公司城邦分公司
　　　　　　　台北市中山區民生東路二段141號2樓
　　　　　　　書虫客服服務專線：02-25007718；25007719
　　　　　　　服務時間：週一至週五上午09:30-12:00；下午13:30-17:00
　　　　　　　24小時傳真專線：02-25001990；25001991
　　　　　　　劃撥帳號：19863813；戶名：書虫股份有限公司
　　　　　　　讀者服務信箱：service@readingclub.com.tw
　　　　　　　城邦讀書花園 www.cite.com.tw
香港發行所／城邦（香港）出版集團
　　　　　　　香港灣仔駱克道193號東超商業中心1樓_ E-mail：hkcite@biznetvigator.com
　　　　　　　電話：(852) 25086231　傳真：(852) 25789337
馬新發行所／城邦（馬新）出版集團【Cite (M) Sdn Bhd】
　　　　　　　41, Jalan Radin Anum, Bandar Baru Sri Petaling, 57000 Kuala Lumpur, Malaysia.
　　　　　　　電話：(603) 90578822　傳真：(603) 90576622

封 面 設 計／斐類設計工作室
排 版 設 計／林曉涵
印　　　　刷／中原造像股份有限公司
經　銷　商／聯合發行股份有限公司
　　　　　　　新北市231新店區寶橋路235巷6弄6號2樓　電話：(02) 2917-8022　傳真：(02)2911-0053

■2017年8月15日初版　　　　　　　　　　　　　　　　　　　　　　Printed in Taiwan
■2021年9月14日二版
定價420元

城邦讀書花園
www.cite.com.tw

版權所有，翻印必究 ISBN 978-626-7012-91-8
◎感謝iuse餐皿專門店提供攝影使用之部分餐具